西南学院大学博物館研究叢書

考古学からみた筑前・筑後のキリシタン
掘り出された祈り

Kirishitan in *Chikuzen* and *Chikugo*
from the view of Archaeology

鬼束芽依＝編

西南学院大学博物館
SEINAN GAKUIN UNIVERSITY MUSEUM

ご挨拶

　福岡は，古代から大陸との交流拠点として繁栄してきました。キリシタン時代には，福岡・久留米・秋月などがキリシタン大名の拠点となり，キリスト教文化を受容していたことが知られています。今回は，そのような福岡，なかでも筑前・筑後のキリシタンに焦点を当て，展覧会を構成しました。

　本展では，「キリシタン考古学」というテーマで，おもに福岡県内から出土した筑前・筑後のキリシタンに関わる貴重な資料を展示しています。また，キリシタン時代を語るうえで欠かせない，キリシタン文化が隆盛した豊後や，島原・天草一揆の終焉の地となった肥前原城から出土した貴重な資料も展示しています。これまでのキリシタン考古学調査研究の経緯をたどりつつ，今回はじめて公開となる最新の資料も紹介し，福岡県内のキリシタン時代に関わる資料が一堂に会する稀有な機会です。展覧会にお越しいただいた皆様，そして本書を手に取っていただいた皆様に，キリシタン考古学研究の成果と筑前・筑後のキリシタンについて知っていただける機会となることを願います。

　最後になりましたが，本展覧会の開催および本書の作成にあたって，ご協力を賜りました関係各位に厚く御礼を申し上げます。

2023年1月23日

西南学院大学博物館館長

伊 藤 慎 二

目　次

2022年度西南学院大学博物館特別展
掘り出された祈り　考古学からみた筑前・筑後のキリシタン

　1549（天文18）年，イエズス会宣教師フランシスコ・ザビエルによって日本にキリスト教が伝来した。1551（天文20）年には，大友義鎮（宗麟）によって豊後府内でキリスト教の布教が許可され，1554（天文23）年には教会用地が与えられた。また，当時，事実上大友氏の勢力圏であった博多においても，1557（弘治３）年に教会用地が与えられており，布教活動がはじまったとされる。その後，博多のほかに久留米や秋月にも教会が建てられ，宣教師らが活動を行っており，筑前・筑後でのキリシタンの様子を示す遺物（キリシタン遺物）が福岡県内の各地から出土している。

　本展覧会は，おもに福岡県内の遺跡から出土したキリシタン遺物をもとに，筑前・筑後のキリシタンの実態について紹介するものである。また，九州におけるキリスト教布教の一大拠点であった豊後（大分県の一部）や，島原・天草一揆の舞台となった肥前原城（長崎県南島原市）において出土したキリシタン遺物についても扱い，周辺地域でのキリスト教受容の状況や，筑前・筑後のキリシタンに与えた影響などについて紹介したい。

　　主催：西南学院大学博物館
　　後援：福岡市　福岡市教育委員会　（公財）福岡市文化芸術振興財団
　　会場：西南学院大学博物館１階特別展示室
　　会期：2023年１月23日（月）～３月11日（土）

謝　　辞

本展覧会の開催および本書の作成にあたり，下記の関係各位にご協力を賜りました。厚く御礼申し上げます。（敬称略・五十音順）

　　朝倉市秋月博物館　臼杵市教育委員会　大分県立埋蔵文化財センター　大分市歴史資料館
　大野城市教育委員会　九州大学附属図書館　（公財）北九州市芸術文化振興財団埋蔵文化財調査室
　久留米市　久留米市教育委員会　神戸市立博物館　水鏡天満宮　大刀洗町教育委員会　福岡市
　　　　福岡市博物館　福岡市埋蔵文化財センター　南島原市　龍光山円清寺

【凡例】
◎本図録は，2022年度西南学院大学博物館特別展「掘り出された祈り　考古学からみた筑前・筑後のキリシタン」〔会期：2023年１月23日（月）～３月11日（土）〕の開催にあたり，作成したものである。
◎資料番号と展示順は必ずしも対応していない。
◎出品資料の写真には，指定，番号，名称，年代／制作地／作者／素材，形態，技法／所蔵，解説の順で情報を記した。考古資料に関しては，指定，番号，名称，年代／出土遺跡（所在地）／素材／所蔵，法量，解説の順で情報を記した。法量の単位にはcmを用いた。
◎本図録の編集は，鬼束芽依（西南学院大学博物館学芸研究員）がおこなった。編集補助には，下園知弥（西南学院大学博物館教員），山尾彩香（西南学院大学博物館学芸研究員），山本恵梨（西南学院大学博物館学芸調査員），相江なぎさ（同），勝野みずほ（同），栗田りな（同）があたった。
◎本文および資料解説は鬼束芽依，山本恵梨，相江なぎさが執筆した。
◎**本図録に掲載している写真を各所蔵者の許可なく転写・複写することは認めない。**

はじめに
キリシタン時代を「見る」：キリシタン考古学の世界

　キリシタン考古学研究とは，キリシタン時代におけるキリスト教文化に関する「モノ」（遺構・遺物）を主な対象として，文献資料との比較・補完を行いつつ，キリシタン時代の実態解明を試みる研究である。考古学というと，文字記録のない縄文時代や弥生時代などを思い浮かべる方が多いだろう。しかしながら，文字記録のある時代，たとえば江戸時代や明治時代，昭和時代でさえも考古学の対象となる。記録の残る機会が少なかった一般大衆の生活や，意図的に記録が残されなかった過去の出来事についても，発掘調査によって出土したモノ資料から復元を行うことが可能なのである。さらに文字記録のある時代であれば，文献史学などの研究成果と相互に比較・補完をすることができ，より実際的な歴史の復元を行うことが可能となる。

　一般的にキリシタン時代とは，日本へキリスト教が伝えられた1549（天文18）年からキリシタン禁制の制札が撤去された1873（明治6）年までを指す。キリシタン時代の検討は，文献史料・伝世品・墓碑などを中心として行われており，考古学的手法を用いた調査研究は少なかった。しかし，2000年ごろからキリシタン関連遺跡の発掘調査とそれに伴う遺物の出土が相次いだことで，考古学の観点からの研究が進み，キリシタン時代のより精度の高い新解釈が可能となった。本書は，これまでのキリシタン考古学の研究成果に基づき，筑前・筑後のキリシタン時代の復元を試みるものである。

I キリスト教の おとずれ

Coming of Christianity

►本章に関連する主な文献
大分県教育庁埋蔵文化財センター編　2016
神田ほか　2016
半田　1961
平山　1993

　1547（天文16）年，イエズス会宣教師フランシスコ・ザビエルは，マラッカ（マレーシア）においてひとりの日本人と出会った。その日本人は，日本国内で殺人を犯して東南アジアに逃れており，名をアンジローといった。アンジローはポルトガル語で会話することができ，ザビエルはアンジローから日本に関する情報を手に入れることができた。アンジローとの出会いによって日本への関心が高まったザビエルは，日本へ渡航することを決意する。そして1549（天文18）年にアンジローとともにゴア（インド）を出て日本を目指し，鹿児島に上陸した。こうして，日本にキリスト教が初めて伝えられた。

　ザビエルは2年3か月の間日本に滞在し，その間に鹿児島・山口・豊後府内（大分県大分市）などで布教活動を行ったとされる。そのなかでも府内を含む豊後一帯（大分県の一部）は，大友義鎮（宗麟）の保護のもと，やがてキリスト教布教の一大拠点となった。

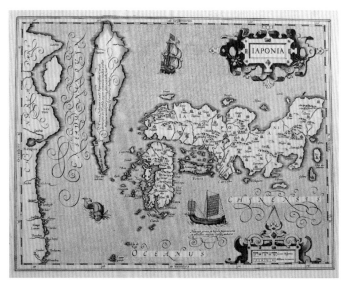

九州部分

1　日本図（複製）

Map of Japan (replica)

原資料：1606年／アムステルダム（オランダ）／ヨドクス・ホンディウス／銅版，彩色／九州大学附属図書館蔵（複製：西南学院大学博物館蔵）

アムステルダムの地図作家ホンディウスが手掛けた地図帳に収録された日本図である。九州部分には，豊後地方の地名が多く表記されている。原図はイエズス会士のルイス・テイセラが作成したもので，イエズス会の宣教師たちが盛んに活動していた地域が地図に反映されている。（鬼束）

＊九州の中央に大きく記されているのが「BVNGO」（豊後）である。中央右端には，「Figi」（日出），「Fumay」（府内），「Xaganoxeque」（佐賀関），「Vsuqi」（臼杵）など豊後の地名がみえる。これらはいずれも，ポルトガル商船や宣教師が多く訪れていた都市や港であった。この地図を手掛けたテイセラがイエズス会士であることからも，豊後がイエズス会にとって重要な地であると認識されていたことがうかがえる。

（神戸市立博物館提供）

2　聖フランシスコ・ザビエル像（展示は複製品）

Portrait of St. Francis Xavier (Exhibited material is replica)

原資料：17世紀前半／日本／制作者不詳／紙本著色／神戸市立博物館蔵（複製：西南学院大学博物館蔵）

アジアで熱心に宣教活動を行っていたイエズス会宣教師，フランシスコ・ザビエルの肖像画である。1549（天文18）年に鹿児島に上陸し，日本に初めてキリスト教を伝えたことで知られる。原資料は，千提寺（大阪府茨木市）の旧家で密かに伝世していたもの。(鬼束)

臼杵<ruby>臼杵<rt>うすき</rt></ruby>のノビシアド

府内のコレジオ

3 『ローマ教皇グレゴリオ13世伝』

Compendio delle Heroiche et Gloriose Attioni, et Santa Vita di Papa Greg. XIII

1596年／ローマ（イタリア）／マルコ・アントニオ・チャッピ／版本／大分市歴史資料館蔵

ローマ教皇グレゴリオ13世の事績について書かれた本。教皇在位中に日本に設置された臼杵（大分県臼杵市）のノビシアド（修練院），府内（大分県大分市）のコレジオ（学院），有馬<ruby>有馬<rt>ありま</rt></ruby>（長崎県南島原市）・安土（滋賀県近江八幡市）のセミナリオ（神学校）が紹介されている。また，天正<ruby>天正<rt>てんしょう</rt></ruby>遣欧少年使節<ruby>遣欧<rt>けんおう</rt></ruby>の教皇謁見についても書かれている。（鬼束）

大友義鎮と開教

　ザビエルは，1551（天文20）年に大友義鎮（宗麟）の招待を受け，豊後府内（大分県大分市）へ向かった。ザビエルが義鎮を訪問した際，義鎮はポルトガル船が定期的に日出港（大分県日出町）に来航するようザビエルに依頼した。ザビエルは快諾し，代わりに布教の許可を受けた。こうして府内で布教活動が行われるようになった。

　豊後における布教活動は，1552（天文21）年にバルタザール・ガーゴ神父（Balthasar Gago）が府内に到着してから本格化する。ガーゴ神父は1554（天文23）年に教会用地を与えられ，府内には修道院・共同墓地・礼拝堂（デウス堂）などが建設された。そして教会の隣にはコレジオ（学院）も建設され，外国語・音楽・天文学などの授業が行われた。そのほか，イエズス会士ルイス・デ・アルメイダ（Luís de Almeida）によって1555（弘治元）年に育児院，1557（弘治3）年に病院がつくられるなど，府内はキリスト教や西洋の文化を受容しながら国際都市として大いに繁栄した。

　一方，義鎮は1561（永禄4）年ごろ臼杵に居を移し，1562（永禄5）年，臼杵湾の丹生島に丹生島（臼杵）城を築いた。また同じころ宗麟と号した。城下町には，宣教師の住院や会堂，ノビシアド（修練院）などが建てられ，宣教師や修道士がたびたび宗麟のもとを訪れた。そして宗麟は1578（天正6）年，カブラル神父（Francisco Cabral）から洗礼を受け，キリシタンとなった。

4 『聖フランシスコ・ザビエル伝』

Compendio della Vita di S. Francesco Saverio della Compagnia di Gesù

1793年／ローマ（イタリア）／ジュゼッペ・マッセイ／版本／
西南学院大学博物館蔵

フランシスコ・ザビエルの伝記（簡略版）。ザビエルの日本での活動についても触れられており，本頁は大友義鎮の前でザビエルと仏僧が宗教論争を行う場面が描かれている。義鎮は冠を被った姿で，「Re di Bungo」すなわち「豊後王」として紹介されている。（鬼束）

1

2

5　府内型メダイ（展示は複製品）

Funai type Medal (Exhibited material is replica)

原資料：16世紀後半／中世大友府内町跡（大分県大分市）／鉛／大分県立埋蔵文化財センター蔵（複製：西南学院大学
博物館蔵）
1：縦2.2，横1.7，厚さ0.3　2：縦2.2，横1.7，厚さ0.1

中世大友府内町跡から出土した，なすびのような形をしたメダイ。これらのメダイは府内で集中
的に見つかっており，府内で製作されたものと考えられている。府内型メダイは，大半のものが
鉛の含有量90％を超える純鉛製であることが最大の特徴である。(相江)

＊メダイは「Medaiha」（ポルトガル語でメダルを意味する）が日本語に転訛したものであ
る。表面には一般的にキリスト・聖母マリア・聖人などの肖像や聖書の場面が描かれた。カ
トリックにおいて「護符」の一つとされ，単独もしくはロザリオや十字架に付属して携帯さ
れていた。府内型メダイは豊後府内で独自に製作されていたメダイで，材料である鉛の産地
はその大半がソントー鉱山（タイ国カンチャナブリ県）のものであることがわかっている。

6　十字架鋳型瓦

Roof tile reused to Cross mold

16世紀後半〜17世紀初頭／臼杵城跡（大分県臼杵市）／軒丸瓦／臼杵市教育委員会蔵
縦10.3，横13.8

軒丸瓦の裏面を十字架鋳型に転用したもの。裏面に鋳型が彫り込まれており，そこに金属を流
し込んで十字架を鋳造したと考えられている。共伴して出土した土師器等の年代から，1588（天
正16）〜1615（元和元）年の間に転用され廃棄されたものと推定されている。(鬼束)

キリシタン墓地の設置

　禁教期以前には，キリシタンが死去するとキリスト教式の葬式が執り行われ，埋葬されていたことが外国人宣教師の記録からわかっている。また，その記録を裏付けるように，長崎県を中心に，佐賀県・大分県・熊本県・大阪府・京都府・東京都などでキリシタン墓やその墓石である「キリシタン墓碑」，キリシタンを埋葬する専用の墓地「キリシタン墓地」が発見・検出されており，調査・研究が進んでいる。

　豊後・野津院（臼杵市野津町）には，かつて「リアン」という熱心なキリシタンがおり，1579（天正7）年ごろに彼の邸内に教会を建て，そばの山にキリシタンのための墓地を整備したことがイエズス会士の記録に残っている。2010（平成22）年から2015（平成27）年にかけて臼杵市野津町で発掘調査を行った結果，記録どおり60基以上のキリシタン墓がほぼ完全な形で確認された（下藤キリシタン墓地）。さらに，キリシタン墓以外にも墓地内道路と考えられている道路状石敷遺構や，小礼拝堂と考えられている礎石建物状遺構，大十字架を建てたとみられる石敷広場状遺構などが確認されている。

　下藤キリシタン墓地は，墓地設置当時の様子をうかがうことのできる，かつ，文献史料に記載された状況と一致する，全国でも例のない遺跡として注目を集めている。

（左側面）梯子　　　　　　（正面）「INRI」　　　　（右側面）金槌と釘抜き　　　　（裏面）十字架文

（臼杵市教育委員会提供）

7　「INRI」銘石造物

Stele with "INRI" inscription

16世紀後半～17世紀初頭／下藤キリシタン墓地（大分県臼杵市）／凝灰岩／臼杵市教育委員会蔵
縦34.8，横28.5，厚さ15.0

正面にイエス・キリストの罪状書き「INRI」，右側面には金槌と釘抜き，左側面には梯子，裏面には十字架文が陰刻されている。「リアン」はキリシタン墓地の近くに広場をつくり，そこに美しい十字架を建てたという記録があり，その十字架の一部であると考えられている。（鬼束）

＊「INRI」は，イエス・キリストが磔刑を受けた際，十字架につけられた罪状書きのことである。ラテン語の「ナザレのイエス，ユダヤ人の王」（Iesus Nazarenus Rex Iudaeorum）の頭文字をとったもの。

下藤キリシタン墓地　2015（平成27）年度遺構検出完了状況（A空間南から）
（臼杵市教育委員会提供）

下藤キリシタン墓地復元図（臼杵市教育委員会提供）

コラム　開発・祖霊・婿養子　残されたキリシタン墓地

臼杵市教育委員会文化・文化財課課長　神田高士

「婿養子」たちの活躍

今回，特別展「掘り出された祈り」展に臼杵市から出品している「『INRI』銘石造物」は，臼杵市野津町大字原所在の「下藤キリシタン墓地」で発見されたものである。下藤キリシタン墓地は，キリスト教布教容認期（1549〜1614年）の間に形成され，幕府禁教令の後も破壊されず，ほぼ完全な形で現代まで残されてきたキリシタン墓地として全国でも初めて発見された遺跡で，布教容認期における野津下藤村のキリシタンたちの墓地である。

旧臼杵市（臼杵地域）と旧大野郡野津町（野津地域）が合併してはや18年。臼杵藩政時代の約260年間に同じ稲葉領であったことで同じ文化圏にあるから，というのが合併理由のひとつであったと記憶している。しかし決してそうではないことに気付かされることもまた多い。

そのひとつが，「婿養子」の多さである。野津地域の各地区に入り，文化財の聞き取り調査や雑談で地元住民のお話を聞けば，「あん家ん人は○○（地区）から来た養子でな……」とか，野津地域での10人規模のミニ講演会で試しに，「この中で婿養子もしくは婿養子をもらった方はいらっしゃいますか？」と尋ねると，申し訳なさそうに少なくとも2人くらいは手を上げたりとか。別に申し訳ないことは全くないのだが，臼杵地域に比べれば，野津地域の婿養子率は確かに高い？印象がある。

この背景には，野津地域の強固な「先祖代々の屋敷田畑を後世へ継承していく義務」意識があるのかもしれない。“洗練の域”に達するほど「先祖代々」が徹底し，自分の所有地の開発者たる「祖霊」に対する信仰心が極めて篤い土地柄なのである。

中世野津院の開発

中世の野津地域は「野津院」という名称であるが，国衙領としての「院」ではない。中世野津地域にはじめて開発の手が及ぶのは，野津院内での最古の寺院とみられる円満寺の建立を示す，国指定重要文化財の石造層塔「九重塔」に刻まれた文永四年（1267）銘にみる時期であろう。この建塔を皮切りに，野津院内での石塔造塔が活発となる。現在，紀年銘を有し完存する仏教石造物は21基を数える。これらは，それぞれの集落が仏と結縁することを証する結衆塔（石塔）と考えられ，これらの分布状況は「野津院」はその全域が一気に開発されたのではなく，13世紀半ばから16世紀半ばにかけて，部分的に逐次開発が進められたことを表す。その部分的開発により誕生した領域が，村落として成立してきたもので，開発主体者は各村落の「長」となり，16世紀までに「野津院衆」として大友氏直属の被官となっていく。

このように中世における野津地域の開発過程は，小規模な財源と支配力を有する者が小開発を重ねてその範囲を広げるというもので，最終的に「野津院」とされた領域全域に開発が及んだのであろう。この小規模開発の「核」になったのは豊富に水が供給される広い谷に形成される谷水田で，谷沿いに整備された村落を開発の一単位として，400年ほどをかけて拓かれた地域であったと復元できよう。

「野津院」的気質とキリシタン

村落の開発主体者たる「長」は，13世紀の野津院の領主，野津五郎頼宗から分化した者たちである。「野津院衆」として有事には国衆である清田氏麾下におかれるが，平時はそれぞれの支配する村落の経営にあたるという存在であった。村落のエリアは広くても5haほどで，村落の「長」の支配が行き届き，生産活動や村落の信仰・風習の方向性まで，集団が同一の意識のもとで活動していた感がある。

それは，1578年に野津ではじめてキリシタンとなった，下藤キリシタン墓地の造営者である下藤村の野津院衆「リアン」が，「家付きの下男（小作人か？）」など113人を一気にカトリックに改宗させたことでもわかる（フロイス『日本史』）。

これを皮切りに，野津では毎年数百人〜千人単位のカトリック改宗者が誕生した，と，ルイス・フロ

イスは記録している。この数字はにわかに信じがたいが，小さな領域の中で，信仰や習慣など，支配者の村落民に対する強制力が野津地域では著しかったのは確かであろう。野津院内の村落の「長」がキリシタンに改宗することは，その村全体がキリシタンになる，ということでもあった。

土地の「祖霊」と村落の信仰

ところで「野津院」内には「下藤キリシタン墓地」のほか，キリシタン時代のままの状態を保つ遺跡として「西寒田クルスバ」遺跡，市指定史跡「波津久クルスバ」，「落谷キリシタン墓」が現在までに確認されている。

こうした確実なキリシタン遺跡の分布状況と「野津院」内の結衆塔の分布状況を重ねると，興味深い事実が浮かび上がってくる。先述したように野津院内の結衆塔とみられる完存石塔は21基であるが，実はこれ以外にも結衆石塔は存在する。それは図1のように，キリシタン遺跡が存在する場所の付近に破壊された状態で残されている。そして先述した完存する石塔とこれらが破壊されている箇所を地図上で重ねてみると，結衆塔とされる石塔の完存領域にキリシタン遺跡は認められず，逆にキリシタン遺跡の存在する領域には完存する結衆石塔が認められないという事実に気付く。

いうまでもなくこうした現象は，野津院内で初めてキリシタンが誕生した天正6（1578）年以降，野津院内でキリスト教（カトリック）を受容した村落は仏との結縁を絶ち，結衆塔を廃棄したが，これを受容せず，なお仏との結縁を保っている村落ではそのまま結衆塔を残すということである。

だがカトリックに祖霊信仰という概念は存在せず，それぞれの村落の開発者である祖霊に対する信仰を断たれるはずだが，キリシタン化した村落の住民たちは，祖霊への信仰心を果たして捨てることができたのであろうか？

「祖霊信仰」に妥協したイエズス会

フロイス『日本史』は，祖霊が各個の家に帰る「盂蘭盆会」の際に，キリシタン住民が祖霊のためにミサを行え，と要求するのに対し，イエズス会が「そんなことができるか」と突っぱねる事件を記録する。

イエズス会は布教において，教理に反する日本人の意志を一切尊重せず，1581年に巡察師ヴァリニャーノが『日本における宣教師のための儀典書』を著し，「日本文化」との適応主義を示すまでこうしたトラブルを全国各地で起こしてきた。「盂蘭盆会ミサ要求」事件は，この一つである。

結果，この要求に妥協したのはイエズス会であった。盂蘭盆会の時期に当たる8月15日の「被昇天の聖母の祝日」ミサを，これに代えるというものである。この村落の住民はそれで納得し，イエズス会も日本人キリシタンの祖霊信仰を（非公式ながら）認めることとなってしまった。

私は幕府禁教令後，下藤キリシタン墓地がほぼ完全な状態で残されていたことを，下藤村キリシタンたちの祖霊信仰意識との関係で考えている。それは下藤キリシタン墓地の中で禁教令によって撤去されたもの，下藤キリシタン墓地周辺で発見されたキリスト教布教容認期の形成とみられ，形成時点から現在まで地表面に露出する墓地の構成遺構の可視範囲に，ある共通点が見いだせたからである。

キリシタン墓地はなぜ破壊されなかったのか

その共通点とは，「十字架」図像をはじめとするキリスト教を連想させる図像を一切残していないということである。

下藤キリシタン墓地を構成する65基の石組墓標に十字架は刻まれていない。今回展示されている「『INRI』銘石造物」はキリシタン墓地の中心に建立される，「聖域」を表す標識であるが，この資料も意図的に破壊された破片（頂部）である。下藤キリシタン墓地の中心には円形の石敷広場状遺構に墓地十字架を引き抜いたとみられる痕跡があり，この際に破壊され廃棄されたのである。この墓地に存在した半円柱形の「常珎（※洗礼名：ジョアチン）」墓碑も，妻面の花十字紋を意識的に削り取る。また，キリスト教布教容認期とみられる「西寒田クルスバ遺跡」，豊後大野市の県史跡「岡なまこ墓」を構成する石組墓標にも，地表上にキリシタン関係図像を刻むものはない。

肥前大村領をはじめ，キリシタン墓の徹底した破壊が行われた幕府禁教令下にあって，キリシタン墓地が野津やその周辺で残ったのは，住民がキリシタンの証となる造形・図像を一切除去し，あくまでも

単なる「祖霊の墓所」であることを主張し，時の支配者を納得させたからではなかろうか。支配者側にしても，大友期以来土地を開発しそれを守ってきた「祖霊」を破壊して住民と対立することで，一揆発生などのリスクは避けたかった，と，想像する。

最近，臼杵領内の禁教後のキリシタンに関する膨大な史料がバチカン図書館で発見された（『マレガ資料』）。この史料群の解析によって，江戸末期にかけて野津のキリシタンたちの統制の実態と，野津院内で村落ごとのキリスト教の受容，非受容の状況が明らかになりつつある。かつての野津院の人々がどう祖先から受け継いだ土地を守ってきたか，「婿養子」たちの活躍を含めて見えてくる日も近い。

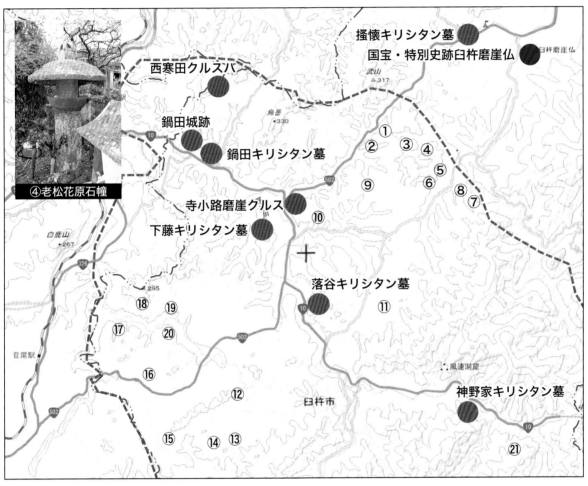

図1　完存結衆塔（①〜㉑）とキリシタン遺跡の分布

● はキリシタン関係遺跡

┏━┓ は中世野津院の領域（推定）

（　）は建立年代の西暦表記

① 芝尾板碑（1343）	⑧ 備後尾板碑（1319）	⑮ 臨川庵石幢（1458）
② 芝尾一万部塔（1283）	⑨ 中山板碑（1330）	⑯ 竹脇石幢（1458）
③ 芝尾角塔婆（1382）	⑩ 城ケ平板碑（1331）	⑰ 風瀬板碑（1392）
④ 老松花原石幢（1498）	⑪ 九重塔（1264）	⑱ 天手板碑（1505）
⑤ 名塚宝塔（1448）	⑫ 細枝石幢（1572）	⑲ 長小野磨崖仏（1333）
⑥ 名塚板碑（1505）	⑬ 細枝五輪塔（1569）	⑳ 尾原供養塔（1587）
⑦ 備後尾五輪塔（1285）	⑭ 細枝宝篋印塔（1508）	㉑ 椎福寺宝篋印塔（1505）

II 筑前・筑後における キリスト教の伝播

Spread of Christianity in *Chikuzen* and *Chikugo*

►本章に関連する主な文献
井澤　2010
伊藤　2015
Cieslik　1979
Cieslik　2000

　筑前国は現在の福岡県北西部，筑後国は福岡県南部に位置し，福岡県の大部分を占めていた。イエズス会士の記録によれば，博多・秋月・甘木・久留米・柳河（福岡県柳川市）に教会やレジデンシア（司祭館）が設置され，筑前・筑後の各地で布教が行われていたことがわかっている。

　筑前・筑後の各地でキリシタンが現れはじめる要因は諸説あるが，大友義鎮（宗麟）やその周辺のキリシタンの影響があったともいわれる。博多では，1557（弘治3）年に大友義鎮により博多に教会用地が与えられ，バルタザール・ガーゴ神父が教会を建設したことでキリスト教布教がはじまったとされる。秋月では，イエズス会士ルイス・デ・アルメイダが，1569（永禄12）年に口之津（長崎県南島原市）から豊後の義鎮を訪ねる道中で秋月に立ち寄り，24名に洗礼を行ったことが本格的な布教活動のはじまりだとされる。久留米では，1587（天正15）年に久留米城に入城したキリシタン大名・毛利秀包が，城下にレジデンシアや神父のための住院，教会などを建設し，義鎮の娘であった妻のマセンシアとともに，キリスト教保護活動を行っていたという。また筑後の潜伏キリシタンとして知られる今村キリシタンの起源には，義鎮が高橋城（福岡県三井郡大刀洗町）城主高橋家の跡継ぎがいないことを惜しみ，大友一族でキリシタンの一万田右馬助に高橋家を継がせたことが関係しているという説もある。

福岡県の範囲および旧国境と関連遺跡・史跡等位置図

❖本展覧会関連年表

西暦（年）	和暦（年）	できごと
1547	天文16	フランシスコ・ザビエルがマラッカでアンジローという日本人に出会う。
1549	天文18	フランシスコ・ザビエルが鹿児島に上陸し，キリスト教の布教をはじめる。
1550	天文19	フランシスコ・ザビエルが博多へ立ち寄り，聖福寺で禅僧らと宗教論争を行う。
1551	天文20	フランシスコ・ザビエルが大友義鎮（宗麟）の招きで豊後府内へ赴き，府内でのキリスト教布教の許可を受ける。
1554	天文23	義鎮の許可により，豊後府内で教会用地が与えられる。
1557	弘治3	義鎮の許可により，筑前博多で教会用地が与えられる。
1579ごろ〜1587	天正7ごろ〜15	相次ぐ戦乱により，博多の町が荒廃する。教会も破壊される。
1585	天正13	黒田孝高（如水）が洗礼を受ける。
1587	天正15	豊前中津で復活祭が行われ，大友義統，黒田長政などが洗礼を受ける。豊臣秀吉が筑前箱崎で伴天連追放令を発令する。毛利秀包が筑後三郡を拝領し，久留米城に入城する。
1600〜1601	慶長5〜6	黒田長政が筑前を拝領し，黒田氏が豊前から筑前へ移る。秋月が黒田直之の支配下となる。毛利秀包によって久留米城下に教会などが建てられる。
1602	慶長7	如水や直之の依頼を受けて，このころまでに博多に教会が再建する。
1604	慶長9	黒田如水が伏見の黒田邸にて死去する。福岡にて神父や修道士により葬儀が行われる。如水の遺言により，長政が博多で教会の建設を許可する。このころ，直之によって秋月にレジデンシア（司祭館）が建てられる。
1606	慶長11	如水の遺言を受けて建設された教会が完成する。如水の三回忌も兼ねた式典を神父や修道士らが執り行う。
1612	慶長17	江戸幕府が禁教令を発令する。
1613	慶長18	長政が博多教会の取り壊しを要求され，教会の解体工事がはじまる。このころ，秋月から移った甘木のレジデンシアも封鎖される。
1614	慶長19	1月，江戸幕府が全国的に禁教令を発令する。博多でもキリシタンが迫害されるようになる。3月，黒田長政がキリシタン（武家のみ）を集め，宗門改めを行う。棄教を拒んだ武士2名が処刑される。以降，長政は黒田家および領内からキリシタンに関わるものを徹底的に抹消したと考えられている。
1616	元和2	9月，江戸幕府が再度禁教令を発令し，百姓以下に至るまでキリスト教の信仰を禁止する。
1617	元和3	このころ，筑後でもキリシタン迫害が強まる。
1635	寛永12	10月，江戸幕府が諸大名に対して寺請による宗門改めを行うよう命じる。
1637	寛永14	島原・天草一揆が勃発する。翌年，鎮圧される。
1867	慶応3	長崎・浦上村の商人が筑後今村を訪れ，今村の潜伏キリシタンが発見される。
1868	慶応4・明治元	今村でキリシタン信仰が発覚し，高橋大庄屋の下で取り調べが行われる。
1873	明治6	キリシタン禁制の制札が撤去される。
1881	明治14	今村で最初の教会が建設される。
1887	明治20	パリ外国宣教会のエミール・ラゲ神父によって，福岡で宣教が再開される。
1896	明治29	福岡大名町に，大名町天主堂が竣工する。
1913	大正2	12月，今村天主堂が竣工する。

筑前博多

■ 開教とキリスト教のひろまり

　博多での布教活動は，1557（弘治3）年に大友義鎮（宗麟）が教会用地を与え，ガーゴ神父が教会を建設したことがはじまりだとされる。しかし，相次ぐ戦乱によって博多の町は荒廃し，1559（永禄2）年の4月に教会も破壊され，ガーゴ神父は博多から豊後へと戻った。同年12月に義鎮が九州探題に補任され，博多が正式に大友の支配下になると，町も復興していった。しかしイエズス会は人員不足のため宣教師をふたたび博多に置くことができず，豊後から平戸へ行く途中でたびたび博多の信者を訪問するのみであった。

　1575（天正3）年からベルショール・デ・フィゲイレド神父（Belchior de Figueiredo），1579（天正7）年からベルショール・デ・モーラ（Belchior de Moura）神父が博多に滞在するようになり，布教活動が再開された。6年間ほど順調に布教が行われ，博多とその周辺のキリシタンは2000人に達した。しかしその後の戦乱によってふたたび博多の町は荒廃し，キリシタンを含む博多の住民たちは周辺や他国へ逃げていったとされる。

　その後，1587（天正15）年に，九州平定を終えた豊臣秀吉によって博多の再建が行われた（太閤町割）。その際，秀吉は博多でイエズス会日本支部準管区長ガスパール・コエリョ（Gaspar Coelho）と交流しており，博多に新しい教会のための土地を与える約束をした。しかし秀吉はもともとイエズス会に対してさまざまな反感をいだいていたため，箱崎で伴天連追放令を発令する。こうして博多に教会が再建される機会はなくなり，時折宣教師による訪問が行われるのみとなった。

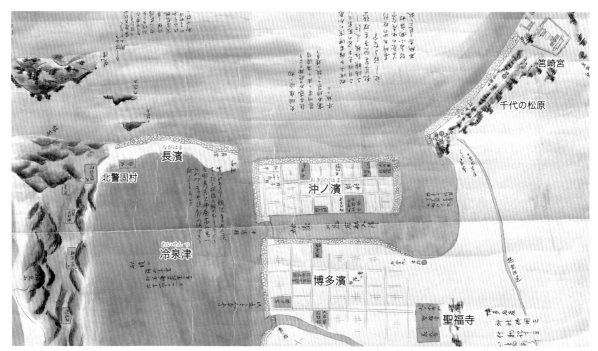

参考：「博多往古図」（一部改変，福岡県立図書館蔵）
鎌倉期から室町期の博多を推定して描かれた博多古図。中世の博多は海が入り込んでおり，ひょうたんのような形をしていた。最初の教会は，海に面した息浜（本資料上では「沖ノ濱」）にあったとされる。（画像は部分，福岡県立図書館デジタルライブラリより転載）

■ 博多遺跡群から出土したキリシタン遺物

　博多遺跡群は，ＪＲ博多駅の北側，博多湾に沿って形成された砂丘上に広がる遺跡である。2022年4月時点で250次にわたる調査が行われており，弥生時代から続く遺構や遺物が検出されている。特に，古代末から中世にかけては膨大な量の輸入陶磁器が出土しており，博多が国際的な貿易都市として発展していた様子を物語る。

　1998（平成10）年度から1999（平成11）年度にかけて行われた博多小学校建設に伴う第111次調査（旧奈良屋小学校校地）では，メダイが2点，十字架とメダイの鋳型が1点出土した。これらの遺物は，キリシタン時代の博多が布教において重要な地点であったことや，メダイや十字架が複製されるまでにキリシタンが増えていたことを裏付ける。また，大友義鎮（宗麟）がイエズス会に与えた教会用地は，調査区である息浜周辺であったと考えられており，周辺に教会があったことやキリシタンが多くいたことを示唆する遺物でもある。

（福岡市埋蔵文化財センター提供）

8　ヴェロニカのメダイと十字架鋳型（展示は複製品）

Mold of Medal with Veronica and Cross (Exhibited material is replica)

原資料：16世紀後半／博多遺跡群（福岡県福岡市）／粘土／福岡市埋蔵文化財センター蔵（複製：朝倉市秋月博物館蔵）
縦4.0，横5.5

　「ヴェロニカのメダイ」は，表面にイエス・キリストの聖顔，裏面に聖母子像が描かれたメダイである。メダイ鋳型中央部分に，茨の冠が表現されたキリストの顔が確認できる。製品は日本国内にのみ4点確認されているが，鋳型についてはこのほかに例がない。（鬼束）

＊「ヴェロニカ」はカトリック教会の聖人，聖ヴェロニカのことである。磔刑を受けるため十字架を背負いながらゴルゴダの丘へ歩くイエス・キリストを憐れみ，血と汗を拭うよう自身が身に着けていたヴェールを差し出した。キリストが汗を拭いたヴェールには，その後キリストの顔が浮かび上がったという。ヴェロニカのメダイの表面には，ヴェールに浮かび上がったキリストの聖顔が描かれていることから，この名称で呼ばれている。

参考：中世大友府内町跡（大分県大分市）から出土したヴェロニカのメダイ

（大分県立埋蔵文化財センター提供）

9 マリアとキリストのメダイ（展示は複製品）

Medal with Virgin and Christ (Exhibited material is replica)

原資料：16世紀後半／博多遺跡群（福岡県福岡市）／鉛・錫／福岡市埋蔵文化財センター蔵（複製：朝倉市秋月博物館蔵）
縦 3.2，横 2.3

表面にイエス・キリスト，裏面に聖母マリアが，それぞれ左を向いた半身像で描かれる。本資料の類例には，頭上にニンブス（頭光）があるものや，縁に縄目のような刻み文様があるもの，キリストとマリアの向く方向が異なっているものなどが含まれる。（鬼束）

10 府内型メダイ（展示は複製品）

Funai type Medal (Exhibited material is replica)

原資料：16世紀後半／博多遺跡群（福岡県福岡市）／銅／福岡市埋蔵文化財センター蔵（複製：朝倉市秋月博物館蔵）
縦 2.1，横 1.8

資料番号5と同型のメダイ。16世紀後半には豊後から博多へたびたび宣教師が訪れており，その際に持ち込まれた可能性や，豊後と博多のキリシタンが交流した際に持ち込まれた可能性がある。博多と他地域のキリシタンとの関わりを示す貴重な資料である。（鬼束）

■ キリシタン大名・黒田孝高の活動

　黒田孝高（如水）はキリシタン大名の一人としてよく知られる。同じくキリシタン大名として知られる高山右近のすすめで，1584（天正12）年に大坂で洗礼を受けた。洗礼名は「ドン・シメオン」であった。

　孝高は，イエズス会士による記録では熱心なキリシタンとして紹介されている。例えば1586（天正14）年には，イエズス会日本支部準管区長ガスパール・コエリョの依頼で，毛利輝元に山口で教会を建てるための土地と司祭が住む土地を与えるよう，また小早川隆景に伊予（愛媛県）で司祭が住む土地を与えるよう交渉し，約束を取り付けたとされる。

　また孝高自身も宣教活動に勤しんだとされる。1586（天正14）年から翌年にかけて，孝高は豊臣秀吉の九州平定のため豊後から日向に進攻していた。その戦場において，孝高は日本人修道士を1～2名引き連れ，兵士に説教を行わせていたという。そして十分に教理を理解した者を，イエズス会宣教師ルイス・フロイス（Luís Fróis）が滞在していた下関に遣わせ，そこで洗礼を受けさせたという。

　孝高は1587（天正15）年に豊前六郡を拝領し，中津に居を定めた。同年３月の復活祭では，中津で盛大な洗礼式が行われ，孝高の嫡男・黒田長政のほかに，丹生島（臼杵）城主大友義鎮（宗麟）の嫡男・大友義統などが洗礼を受けたという。1589（天正17）年に隠居して如水と号した。1600（慶長５）年には長政が筑前を拝領したことで，名島城（福岡市東区名島）に入った。そして博多の西側にあった冷泉津と草ヶ江の入り江を埋め立てて城下町を築き，福崎に福岡城を築いた。その後，博多のキリシタンは最盛期を迎えることとなる。

　しかしながら，長政はのちに禁教政策へと踏み切り，キリシタン関係のものを徹底的に抹消したといわれている。福岡城跡・崇福寺（福岡市博多区）・観世音寺（太宰府市）などの黒田家関係の遺跡や建物から出土・発見された瓦のなかに，十字架文や花十字文の意匠があるものが発見されたことが報告されているが，黒田家とキリシタンの関わりを示す考古資料はほとんど見つかっていない。

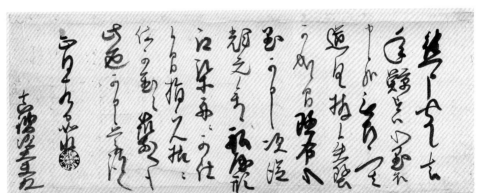

参考：黒田如水ローマ字印書状（福岡市博物館蔵，同館提供）
如水の洗礼名を含む，「SIMEON IOSUI」（シメオンジョスイ）と記されたローマ字印が捺されている。

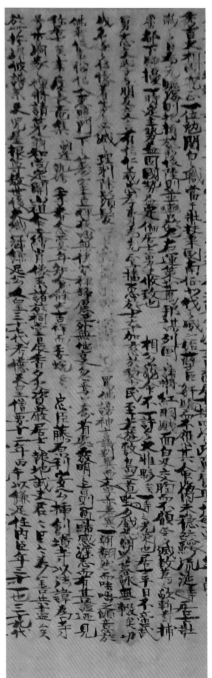
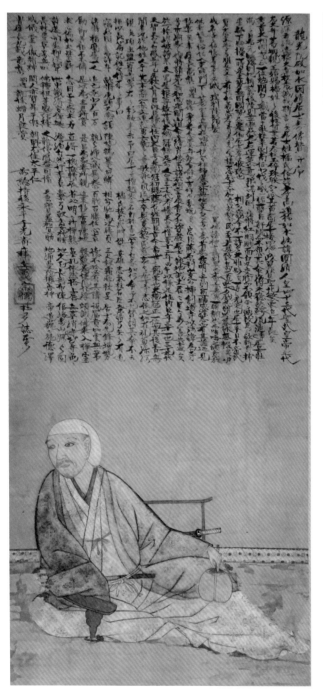

参考：黒田如水肖像（福岡県朝倉市・龍光山円清寺蔵，同寺提供）
黒田如水の肖像画。一部が削り取られており，その部分には，如水がキリシタンであった
ことを示す内容（「一旦入南蛮宗門，聴法談雖有年」）が書かれていたと考えられている。

■ 黒田長政と博多の教会の再建

　黒田如水（孝高）が熱心なキリシタンとして知られる一方で，嫡男で初代福岡藩主の長政は違っていた。長政は1587（天正15）年に中津（大分県中津市）で洗礼を受けたが，その後豊臣秀吉の朝鮮出兵に従軍したことで十分に教理を理解する間もなく，キリシタンとして活動することができていなかったといわれる。また，福岡藩主となって以降は，徳川家康による禁教政策を意識しており，キリシタンとして積極的に活動することを避けていたようだ。

　しかしながら，1601（慶長6）年ごろ，長政は博多のキリシタンや父・如水，叔父・直之の依頼を受けて博多に教会を再建することを決めた。ただし，徳川家康の反感を買うのをおそれ，キリシタンの建物とわからないように，教会は普通の民家のような見た目で建てるよう指示した。なかには長政の立場を考えて教会の建設に反対する者もいたが，博多に住むキリシタンらの支援もあり，1602（慶長7）年までには教会が完成した。祝日には，博多と筑前一帯だけでなく，隣国である筑後や豊前からもキリシタンたちが集っていたという。

　1604（慶長9）年に如水が亡くなると，長政は遺言に従ってキリスト教式の葬儀を執り行い，千代（福岡市博多区千代）の松原に埋葬した。如水はまた，博多に教会を建てて自身をそこに埋葬するよう遺言を残していた。長政はそのとおりに立派な教会堂を建てたといわれる。しかし，徳川家康に配慮したのか，15日か20日後に仏式の葬儀も執り行っている。そして同じころ，如水を埋葬した松原に，太宰府にあった崇福寺を移転し黒田家の菩提寺としたため，如水の遺体が博多の教会に移されることはなかった。

崇福寺福岡藩主黒田家墓所（福岡市博多区千代）にある
黒田如水の墓の石塔（「黒田如水公墓碑」，伊藤慎二撮影）

筑前黒崎

■ 黒崎城下から出土したメダイ

　黒崎城は，1600（慶長 5）年に筑前を拝領した黒田長政によって築造された，福岡城の端城（黒田六端城）の一つである。豊前国との国境に位置し，国境の守りを固めるために築造された。1615（元和元）年に幕府の一国一城令によって廃城となったが，黒崎城下は長崎街道の宿場町となり江戸期を通じて栄えた場所である。

　その黒崎城下の発掘調査において，メダイが 1 点出土している。このメダイは長崎街道に面した町屋跡から出土しており，出土状況から，キリシタン禁制が強まる17世紀はじめごろ，緊急的に建物床下へ隠すように埋納した可能性が指摘されている。また，博多で出土したメダイと同様の図像であることから，福岡藩内でのキリシタンの広まりを示す重要な資料と位置づけられている。

（北九州市提供）

北九州市指定有形文化財

11 メダイ

Medal with Virgin and Christ

16 世紀後半／黒崎城跡（福岡県北九州市）／鉛・錫／北九州市教育委員会蔵
縦 2.8，横 2.2，厚さ 0.3

表面にイエス・キリストの半身像、裏面に聖母マリアの半身像を描く。博多遺跡群第111次調査で出土したメダイ（資料番号 9）と同じく，キリストとマリアはともに左を向いて描かれている。またマリアの頭上には星のような表現もみられるが定かではない。（鬼束）

筑前大野

　御笠郡大野（福岡県大野城市）は，大宰府と博多，鴻臚館を結ぶ官道上に位置し，古代から交通・防衛の要所として栄えていた。江戸時代には博多と日田を結ぶ日田街道（宰府往還）が通り，とりわけ雑餉隈は間の宿（博多と二日市の中間の宿場）として賑わっていたとされる。

▨ 近世墓出土関連の十字架と数珠玉

　西鉄春日原駅の南東に位置する瑞穂遺跡（福岡県大野城市瑞穂町）では，2011（平成23）年から2012（平成24）年にかけて行われた発掘調査において，17世紀ごろから形成が開始されたとみられる近世墓地が検出された。特筆されるのは，ガラス製の数珠玉が多く出土している点で，最も多い例では一つの墓坑から105点出土している。さらに，出土遺物として「十字架」が1点報告されている。

　イエズス会の報告書において，大野のキリシタンに関する記述は特にみられないが，博多にほど近く，博多・秋月を含む周辺のキリシタンに関連する可能性がある。そのため，大野城市域からキリシタン遺物が出土しても矛盾はなく，これらが17世紀はじめごろのキリシタン遺物である可能性も考えられる。

（大野城市教育委員会提供）

12　十字架
Cross
17世紀か／瑞穂遺跡(福岡県大野城市)／銅地銀箔貼り金渡金か／大野城市教育委員会蔵
縦1.2，横0.7

17世紀の土坑墓から出土したとみられる十字架。小形で，紐を通すための鈕が付いており，携行用とみられる。表面の意匠は確認できない。携行用の十字架は長崎市内や原城跡（資料番号21）で出土例が知られるが，それらと比べても本資料はかなり小さい。（鬼束）

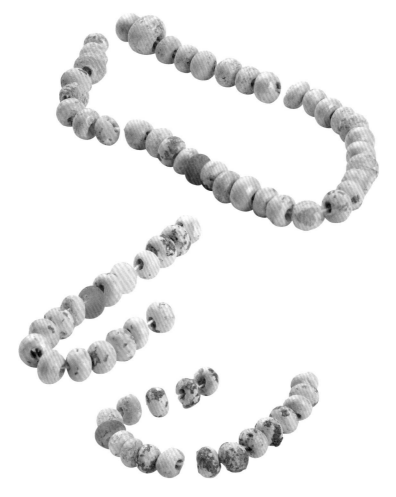

（大野城市教育委員会提供）

13 数珠玉

Praying beads

17世紀／瑞穂遺跡（福岡県大野城市）／ガラス／大野城市教育委員会蔵
全長6.0 〜 3.0

十字架（資料番号12）に関連するとされる土坑墓内から出土したガラス製の数珠玉。合計73点出
土している。頭蓋骨の一部とみられる骨の周辺から出土しており，埋葬の際に首付近に置かれて
いた状況が推測される。十字架に伴って出土していれば，ガラス製のロザリオであった可能性が
ある。（鬼束）

＊ロザリオ（数珠）はカトリックの信仰具の一つで，聖母マリアへの祈りを唱える際に祈りの
数を数えるために使う。コンタツともいう。カトリック教会規定の形式はないが，代表的な形
式に「15玄義形式」がある。「15玄義形式」は，大きな珠1個と小さな珠10個が「一連」となっ
ており，それが5つ連なるもの。大きな珠で「主の祈り」を唱え，小さな珠で「アヴェ・マリ
アの祈り」を10回唱える。それを5回繰り返す。十字架やメダイがつけられたものもある。当
時は木製のものが主流であったが，木材は土中で残存しにくいため，遺跡から出土するロザリ
オ（玉）はガラス製が主である。

筑前秋月

◼ 秋月種実時代——教会の設立

　秋月は，周辺を山に囲まれた小盆地にあり，現在も武家屋敷や町屋など歴史的な町並みを残す地区として知られている。1203（建仁3）年ごろ，原田種雄が筑前国秋月荘を拝領した際に姓を秋月と改め，1587（天正15）年に豊臣秀吉によって日向国高鍋（宮崎県高鍋町）に移封されるまで，長らく秋月氏が治めていた。

　秋月で本格的に布教活動をはじめたのは，イエズス会士ルイス・デ・アルメイダであったとされるが，それ以前にも山口や博多などで洗礼を受けたキリシタンが秋月にいたという。アルメイダは1570（元亀元）年の書簡において，大友義鎮（宗麟）を訪ねるため肥前口之津（長崎県南島原市）から豊後へと向かう道中で秋月に寄り約十日間滞在し，24人に洗礼を授けたと記述している。秋月には，秋月城城主・秋月種実の寵遇を受けていた一人のキリシタンがいた。アルメイダはそのキリシタンを頼って種実を訪問し，歓迎されたという。種実はキリシタンやキリスト教布教に対して友好的な態度を見せていたことがわかる。

　相次ぐ戦乱で博多の町が荒廃すると，博多に住んでいたキリシタンは周辺や隣国に避難した。博多の豪商でキリシタンであった末次興善とその一家も，秋月に持っていた屋敷に引き揚げた。そして1582（天正10）年，興善は自費で秋月最初の教会を建てたといわれている。また同年にルイス・フロイス神父が記した年報によれば，秋月とその周辺には700人ほどのキリシタンがいたことや，フロイス神父自身が新たに160人に洗礼を授けたことがわかっている。

◼ 小早川隆景時代——久留米のキリシタンとの交流

　秀吉が伴天連追放令を発令し，秋月氏が日向国高鍋へ封ぜられると，小早川隆景は秀吉から筑前・筑後と肥前の一郡を拝領し，秋月は隆景の支配下となる。隆景はキリシタンに対してあまり好意的ではなかったと考えられており，筑前を宣教師が巡回することはなくなったという。

　一方久留米では，隆景の弟である毛利秀包が筑後三郡を拝領して久留米城へ入城した。秀包とその妻マセンシアは熱心なキリシタンで，宣教師は彼らを訪ねるために毎年長崎から久留米を訪問するようになっていた。その際に秋月のキリシタンと久留米のキリシタンが相互に交流していたことがわかっている。

◼ 黒田直之時代——レジデンシアの設立

　1600（慶長5）年に黒田長政が筑前を拝領すると，秋月領は黒田如水（孝高）の弟で熱心なキリシタンであった黒田直之の支配下となった。直之はキリシタンを保護し，1604（慶長9）年にはレジデンシア（司祭館）が設置され，秋月のキリシタンは最盛期を迎えた。

（朝倉市秋月博物館提供）

14 罪標付十字架浮文軒丸瓦

Roof tile with Cross

17世紀初頭／秋月城跡（福岡県朝倉市）／軒丸瓦／朝倉市秋月博物館蔵
径15.6

二支十字架文が表現された軒丸瓦。秋月城跡（現在の秋月中学校付近）から見つかった。十字架上部の左右にのびる部分はイエス・キリストの罪状書き「INRI」が記された箇所であるため，十字架の下部にある波状の装飾がゴルゴダの丘を表すと考えられている。（鬼束）

＊十字架文が施された軒丸瓦は，おもに長崎市内で確認されている。このような瓦はキリスト教に関連する建物に使用されたと考えられているため，近くにそのような建物があったことが示唆される遺物である。長崎市の勝山町遺跡（サント・ドミンゴ教会跡）など，実際に教会の遺構に伴って十字架文が施された軒丸瓦が出土している例もある。

筑後久留米

　1587（天正15）年の豊臣秀吉の九州平定後，筑後三郡はキリシタン大名として知られる毛利秀包の所領となり，秀包は久留米城に入城した。大友義鎮（宗麟）の娘で秀包の妻のマセンシアは特に熱心なキリシタンで，夫婦でキリシタン保護活動に尽力したといわれる。久留米城下（福岡県久留米市）には，秀包によって1600（慶長５）年にレジデンシア（司祭館）が設置され，城のそばには住院と聖堂が建てられた。また，久留米城下に住むキリシタンによって教会がもう一つ建設されており，そのころ久留米城下には二つの教会があったといわれている。

■ 久留米城下町遺跡第２次調査で検出された推定教会建物跡とキリシタン関連遺物

　1991（平成３）年から翌年にかけて行われた久留米城下町遺跡第２次調査（両替町遺跡）では，教会跡と推定される建物遺構と，それに伴うキリシタン関連遺物が出土した。なかでもよく知られるのは，中央に十字架文が施された軒平瓦（資料番号15）である。また近年，遺物再整理作業の際に，花弁状のロザリオ玉（資料番号16-2）や，花十字文のような意匠が施された染付碗の底部（資料番号17）などが新たに発見された。本展では，久留米市教育委員会のご厚意により，それらの未発表資料を初めて展示公開する。

推定教会建物遺構全景（久留米市教育委員会提供）

参考：両替町遺跡キリスト教会堂復元模型（久留米市蔵）

参考：城下町跡（京隈 侍 屋敷遺跡）から出土した中国製の西洋風人物貼付文磁器
（京隈侍屋敷遺跡第18次調査，久留米市教育委員会蔵）

1

2

（久留米市教育委員会提供）

15 十字浮文軒平瓦

Roof tile with Cross

17世紀初頭／久留米城下町遺跡第2次調査（両替町遺跡）（福岡県久留米市）／軒平瓦／久留米市教育委員会蔵
1：縦26.8，横25.7　2：縦13.8，横17.2

推定教会建物遺構の南西にある池状遺構から出土した。久留米城下には二つの教会があったといわれるが，同じ遺構からは毛利家の家紋に類似する沢瀉紋を施した鬼板瓦が出土しているため，検出された教会建物遺構は毛利秀包が建設した教会のものと考えられている。（山本・鬼束）

16　ロザリオ玉

Rosary beads

17世紀初頭／久留米城下町遺跡第2次調査(両替町遺跡)(福岡県久留米市)／ガラス／久留米市教育委員会蔵
1：縦0.6, 横1.0, 厚さ0.9　　2：縦1.0, 横1.0, 厚さ0.6

教会そばの土坑から出土したロザリオ玉。いずれも花弁状の形態である。同様の玉は，中世大友府内町跡（大分県大分市）や千提寺西遺跡（大阪府茨木市）などで確認されており，教会跡に伴って出土している点からロザリオとして明確で貴重な例である。（鬼束）

17　花十字文染付碗

Porcelain bowl with Cross

17世紀初頭か／久留米城下町遺跡第2次調査(両替町遺跡)(福岡県久留米市)／染付／久留米市教育委員会蔵
残存幅10.5cm, 残存高3.0cm, 底径5.8cm

整地面から出土した碗の底部破片。内底（見込み）に施された意匠は花十字文の一種のようにも見えるが，日本の伝統図案である花轡の紋章にも類似しているため，キリシタン遺物としての断定は難しい。また現在のところ類例は確認できない。（鬼束）

＊資料番号16－2, 17は未報告資料で，久留米市教育委員会のご厚意により今回はじめて展示公開をおこなった。初公開資料の所見については，久留米市教育委員会・大石昇氏にご教示をいただいた。

筑前・筑後におけるキリシタンの衰退

■ 博多教会の閉鎖

　黒田如水（孝高）の死から5年後，1609（慶長14）年に直之が亡くなると，筑前のキリシタンは一気に後ろ盾をなくした。福岡藩主・黒田長政は父・如水や叔父・直之を遺言通りにキリシタン式で葬送するなど，一時はキリシタンに対して配慮や好意をみせるが，やがて禁教政策に踏み切っていく。

　1612（慶長17）年には，幕府により禁教令が発令された。それを受け，福岡藩主・黒田長政は直属の家臣に禁教令を出したが，商人・職人・農民などには禁教を強いなかった。しかし，同年末に，長男・忠之の初謁見と元服式のために駿府城（静岡県静岡市）と江戸城を訪れた際に，幕府の重臣から博多教会の閉鎖を命じられた。長政は翌年4月に帰国してすぐ，教会の取り壊しと司祭の長崎追放を命じた。

■ 秋月のレジデンシアの閉鎖

　直之の死後，秋月の教会を運営していた直之の家臣たちは他国へ移ったり浪人となったりして，秋月教会の運営も難しくなった。秋月のレジデンシアはやがて甘木へと移されたが，博多教会の閉鎖と同じ時期に閉鎖されたと考えられている。

■ 福岡藩における宗門改めの開始

　1614（慶長19）年には，福岡城下に住むキリシタンの武士を智福寺（福岡市中央区）に集め，福岡で初めて宗門改めが行われた。この宗門改めで改宗に従わない者には，無理やり署名させるか，または役人が署名・捺印を行い，書類上宗門を改めたという事にしたといわれていて，かなり事務的なものであったとされる。しかし，頑なに改宗に従わなかったキリシタンが2名おり，彼らは松の木に逆吊しにされ拷問を受けたのち，斬首刑となり，福岡で最初の殉教者となった。

福岡で初めて宗門改めが行われた智福寺の推定地とされている水鏡天満宮（福岡市中央区天神，鬼束芽依撮影）

■ 筑後における禁教

　1601（慶長6）年には，田中吉政が筑後国を拝領し，柳河城（福岡県柳川市）を本拠とした。吉政と柳河藩二代藩主・忠政はキリスト教に寛容であったといわれ，1612（慶長17）年の禁教令後もしばらくは信仰が許されていたとされる。しかし1617（元和3）年のイエズス会日本年報では，すでに忠政の命でキリシタン迫害がはじまっていたことが記録されている。

　1620（元和6）年に忠政が亡くなると，筑後南部は柳河藩として立花宗茂が拝領し，1621（元和7）年には筑後北部を久留米藩として有馬豊氏が拝領した。筑後においてもキリシタンの後ろ盾はなくなり，より一層厳しい弾圧がはじまった。なお，久留米藩が1625（寛永2）年に出した「条々」にはすでにキリシタン改めについての条文が載せられている。

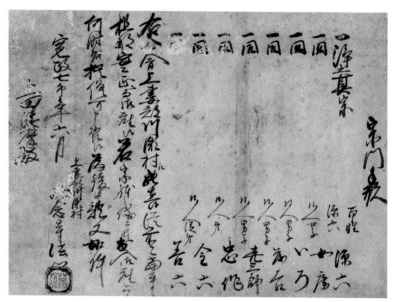

右八人は上妻郡川瀬村江罷在候、従前々當寺
檀那實正二而御座候、若宗躰之儀二付出入御座候ハ、
何時も拙僧可申啓候、為後日證文如件

寛政七卯年六月
　　　土田清摩殿

上妻郡川瀬村
西念寺法郷 ［印］

宗門手形

一　淨土真宗

一　同　　　　　百姓　源六
一　同　　　　　源六　女房
一　同　　　　　同人男子　いろ
一　同　　　　　同人男子　茂吉
一　同　　　　　同人男子　喜三郎
一　同　　　　　同人男子　忠作
一　同　　　　　同人弟　金六
一　同　　　　　同人従弟　善六

18 筑後国宗門手形

Oaths of membership, Sainenji Temple

1795（寛政7）年／筑後国上妻郡川瀬村（福岡県八女郡広川町）／西念寺／一紙，紙本墨書／西南学院大学博物館蔵

久留米藩では1665（寛文5）年に役人を定め，領民すべてを対象として宗門改めを行うようになった。江戸幕府は，キリスト教の信仰を禁止するとともに，すべての日本人がどこかの寺の檀家となることを義務付けたため，檀那寺の仏僧が証人として墨印を捺している。　(鬼束)

■ 筑後今村の潜伏キリシタン

江戸幕府の禁教政策によりキリシタンの取り締まりが続くなか，密かに信仰を続ける人々（潜伏キリシタン）がいたことはよく知られている。筑後今村（福岡県三井郡大刀洗町今）周辺もまた，潜伏キリシタンの集住地区であった。今村には 1552（天文21）年以降，1570（元亀元）年ごろまでには最初のキリシタンが出現していたと考えられている。久留米藩の宗門改めは 1625（寛永2）年ごろには始まっており，同じころキリシタン迫害も強くなったとみられるが，今村では 1631（寛永8）年に源三郎・弥右衛門・与左衛門という3人の人物が潜伏キリシタンとなり，以来その子孫を中心に信仰を継承していたという。

発見と取り締まり

1858（安政5）年，幕府はアメリカ・オランダ・ロシア・イギリス・フランスと条約を締結した。これにより函館・横浜・長崎・新潟・神戸が開港し，外国人居留地には宣教師が来日した。信教の自由は外国人に限って認められ，日本人がキリスト教を信仰することは依然として禁止された。

1865（元治2）年，長崎に大浦天主堂が建設される。同年，浦上（長崎県長崎市浦上地区）の潜伏キリシタンたちが大浦天主堂のベルナール・プティジャン神父のもとを訪れ，信仰告白をした（信徒発見）。そして浦上キリシタンたちは，ひそかにキリスト教を信仰している仲間たちの捜索をはじめる。ある日，藍の仕入れのために久留米藩領内を訪れた浦上の商人が，今村にキリシタンがいることを聞きつける。その情報をもとに，今村へ浦上のキリシタンが4名派遣され，今村キリシタンを発見したという。

その後，平田弥吉が中心となり今村でも伝道が再開されたが，そのころ今村を訪れた托鉢僧が村民の不審な対応を受けて役所に告発し，1867（慶応3）年から 1868（慶応4・明治元）年にかけて三度にわたりキリシタンの検挙・拘束が行われた。取り締まりは久留米藩公事方が高橋大庄屋後藤十郎左衛門の協力のもと行った。高橋大庄屋が久留米藩公事方に提出した記録の写しが『邪宗門一件口書帳』である。

教会の復活

キリシタン禁制の高札は，1873（明治6）年に撤去され，キリスト教の信仰が認められるようになった。今村では 1881（明治14）年に最初の教会が木造で建設され，1913（大正2）年にロマネスク様式の天主堂（カトリック今村教会または今村天主堂）が建設された。同天主堂は，2015（平成27）年に国の重要文化財に指定され，2017（平成29）年には教皇大使の司式により「今村信徒発見150周年記念ミサ」が捧げられた。

重要文化財今村天主堂全景（大刀洗町教育委員会提供）

筑後今村キリシタンの信仰の考古学

　今村地域の潜伏キリシタンに関する歴史史料は現在ほとんど残っていない（竹村覚　1964『キリシタン遺物の研究』，安高啓明・方圓　2014「久留米藩今村の潜伏キリシタンの発覚と信仰生活」）。唯一の史料が『邪宗門一件口書帳』（資料番号19）である。

　今村の周囲には，禁教期から明治の信仰復活直後の墓碑も残されている。そこで伊藤慎二は，「考古学からみた筑後今村キリシタン」（2015）において，それらの史料上における信仰器具に関する記述と墓碑から今村キリシタンの考古学的研究上の現状と課題を整理した。

　『邪宗門一件口書帳』には押収された信心具やその個数，所有経路などが詳細に記録されている。例えば，メダイとみられる「丸金仏」，キリストの磔刑の様子を象った「十字金仏」，コンタツ（ロザリオ）とみられる「数珠」，ネジが付属した銀製の「器物」，「鈴様之物」と書かれた鈴状の物等のほか，「ケレント写本（切支丹ノ宗法開闢由来ノ書）」，「十戒」，「サガラメンドウ」，「天主文写本」，聖画である「絵像」等が没収されたと記されている。これらの信心具の多くは，幕末に浦上村（長崎県長崎市浦上地区）キリシタンとの交流を通して入手したという経緯が記されている。つまり，今村キリシタンの間で先祖代々伝えられてきたものはごくわずかで，禁教期以前から今村で密かに伝えられてきたものは3点のみであった。「丸金仏」・信者の家の畑から見つかった銀製の「器物」・「鈴様之物」に「已前より」などと記載があり，禁教期以前から今村で密かに伝えられた可能性があることが指摘されている。もしこの「丸金仏」（メダイ）が現存していれば，産地や年代を特定することにより，初期今村キリシタンの信仰受容経路の把握が可能となるかもしれない。

　禁教期の今村キリシタンは，死後寺請制度下で檀那寺である久留米市安国寺などに埋葬されていたとされ，実際にそれらの墓碑が現存している（写真1）。これらの墓碑の形態的特徴は，同時代の通常の仏教墓碑と全く区別がつかない。一方，信仰が復活した明治以降にはカトリックの教徒としての墓地が今村地区のはずれに現在も残っている（写真2）。墓碑の特徴を観察すると，禁教期の仏教式の特徴を受け継ぎつつ，十字架文様や洗礼名を刻むなどキリスト教徒としての墓碑の特徴が新たに加わる。さらにその後は，立体的な十字架を伴う墓碑など，完全に近世の仏教墓碑とは異なるカトリック教徒としての墓碑が創出される。

　このように，今村キリシタンに関する考古学の観点からの研究は，着手されたばかりで多くの課題が残されており，今後発掘調査などが行われる場合，今回の特別展で扱ったような筑前・筑後の各地から出土したキリシタン遺物や遺構が確認されることも十分考えられる。

写真1　久留米市安国寺にある潜伏期の今村キリシタン墓地（伊藤慎二撮影）

写真2　大刀洗町今村地区にある共同墓地（伊藤慎二撮影）

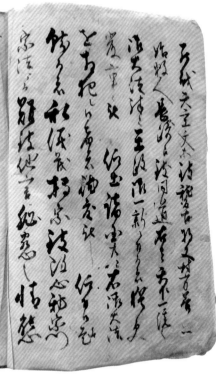
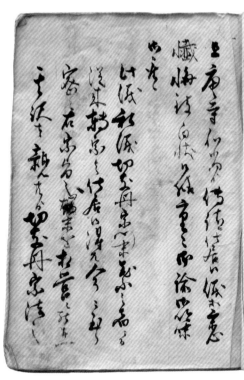

画像部分

御吟味ニ付申上覚
御原郡今村
弥吉

御原郡今村之儀、切支丹宗門源三郎・弥右衛門并
御井郡府中町與左衛門、寛永八年未年
島原一揆ヨリ七年以前転類族ニ相成候、其末葉ニ而是迄
密ニ其宗旨之端末ヲ相営ミ、且去卯
春以来邪宗門に立入、毎々長崎表江

罷越、天主文等致稽古、将又村方善一
始数人長崎江致同道、右は天下一統之
御大法殊ニ王政御一新ニ付而は猶更
厳重ニ被 仰出、諸国共ニ右御大法
を相犯し候者は、屹度被 仰付候趣、
就而は私儀も転宗致改心邪宗門
宗法ニ而雖致他言、秘密之情態

且唐寺和尚ヨリ伝法仕居候儀等、悉
懺悔致白状候様、重々御諭御吟味
御座候
此儀、私儀切支丹宗門末葉之者ニ而
従来転宗は仕居候得共、今ニ至り
密ニ右宗門旨之端末を相営ミ罷在
其訳は、親共ヨリ切支丹宗法之

秘密相授候義御座候 （後略）

大刀洗町指定文化財

19 邪宗門一件口書帳

Record of *Kirishitan* case investigation

1868（明治元）年／福岡県三井郡大刀洗町（みいぐんたちあらいまち）／伝 老松神社〔写〕／竪帳（半紙本）, 紙本墨書／大刀洗町教育委員会蔵

本資料には，今村キリシタンの供述や自白，没収された信仰具などが記録されており，禁教下における信仰生活の様子をうかがうことができる。もとは大刀洗町上高橋（おいまつ）の老松神社宮司宮崎家に伝来していたもので，今村キリシタンに関する確実かつ最古の史料である。（鬼束）

III 島原・天草一揆 受難へ
Shimabara-Amakusa Rebellion: To the Passion

►本章に関連する主な文献
伊藤編　2010
南島原市教育委員会世界遺産推進室　2022

■ 原城跡における発掘調査

　1637（寛永12）年12月，島原藩主・松倉勝家の厳しい年貢の取り立てやキリシタン取り締まりに反発した百姓らにより，島原・天草一揆が勃発した。一揆勢約3万7千人（諸説あり）は，1638（寛永15）年1月に当時廃城であった原城に立て籠もり，10万人超の幕府連合軍と戦った。4月，一揆勢がほぼ殺害されたことで一揆は終結した。

　島原・天草一揆が終結した原城跡では，1992（平成4）年度より発掘調査が開始され，十字架，メダイ，ロザリオ珠，花十字文瓦などのキリシタン関連遺物が出土している。またこれらの遺物は必ず人骨が伴って出土しており，キリシタンが最後まで信仰具を身につけていたことが明らかとなった。また人骨は完全に揃ったものはほとんどなく，受傷痕があるものも確認され，壮絶な様子を物語る。

原城跡全景（航空写真）（南島原市教育委員会提供）

（南島原市教育委員会提供）

20　鉛玉

Lead bullets

17世紀初頭／原城跡（長崎県南島原市）／鉛／南島原市教育委員会蔵

径1.5〜1.6　※展示資料は写真掲載資料の一部

島原・天草一揆の際に使用された鉛製の鉄砲玉。未使用のものや着弾により変形したものが出土している。成分分析により，鉛の産地はその多くがタイを含む東南アジアと中国であったことが判明している。（鬼束）

（南島原市教育委員会提供）

21　十字架

Cross

17世紀初頭／原城跡(長崎県南島原市)／鉛／南島原市教育委員会蔵
1：縦2.8　2：縦2.9　3：縦2.5

鉛製の鉄砲玉（資料番号20）を再利用して製作された十字架。鉛を溶かしてレリーフ状にしているもの（資料番号21-1）や，下部に孔が開けられたもの（資料番号21-2・3）がみられる。籠城中にも信仰を続けたキリシタンたちの様子がうかがわれる資料である。（鬼束）

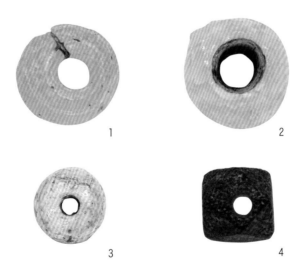

（南島原市教育委員会提供）

22　ロザリオ珠

Rosary beads

17世紀初頭／原城跡(長崎県南島原市)／ガラス／南島原市教育委員会蔵
1：径0.7　2：径0.7　3：径0.5　4：径0.5

ロザリオ（数珠）の一部。島原・天草一揆において原城に籠城する際，キリシタンたちが持ち込んだものであると考えられている。無色半透明で白色に風化しているもの（資料番号22-1～3）が多いが，色付きのもの（資料番号22-4）も出土している。（鬼束）

■ 一揆の記録

　島原・天草一揆は，江戸時代最大の百姓一揆ともいわれる。一揆勢はほとんど殺害されたが，幕府連合軍もまた甚大な被害を受けた。幕府連合軍として一揆の鎮圧にあたった各藩の藩士たちは，文書や絵図に記録することで，壮絶な戦の様子を後世に伝えた。またそれらの記録は，江戸時代中ごろから勧善懲悪物語や軍記物語に改変されて民衆にも広まっていき，江戸時代を通して伝えられていった。

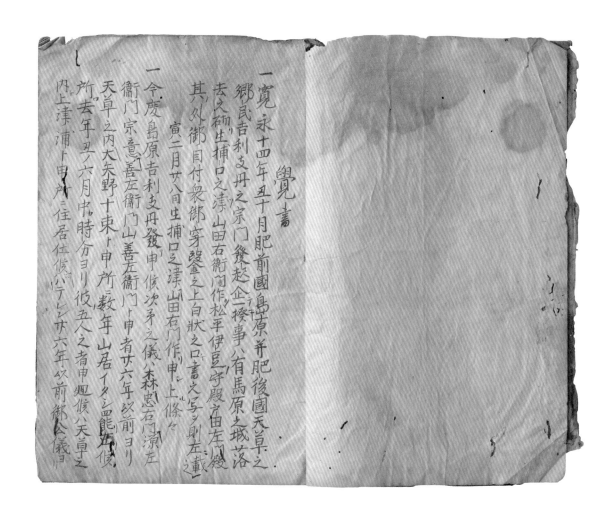

23　山田右衛門作白状
Written confession of Yamada Emosaku

江戸時代／制作地不詳／制作者不詳／紙本墨書，竪帳（大本）／南島原市教育委員会蔵（鈴木秀三郎コレクション）

山田右衛門作が一揆後に松平信綱と戸田氏鉄から取り調べを受けた際の口書の写し。一揆の発端から終結までの経緯が14ヶ条にわたって記されている。山田右衛門作は，一揆の際に幕府連合軍と通じていたため殺害を免れており，一揆勢唯一の生き残りだといわれる。（鬼束）

24　原城包囲御陣型図（天草城責図）（展示は複製品）

Battle field map of Hara Castle (Exhibited material is replica)

原資料：江戸時代／長崎／制作者不詳／紙本著色／個人蔵，南島原市教育委員会寄託（複製：西南学院大学博物館蔵）

平戸松浦家の命により，一揆後あまり隔たりのない時期に描かれたとされる，松浦史料博物館（長崎県平戸市）所蔵「原城攻囲陣営並城中図一幅」と同様の絵図。原城周囲の幕府方の布陣を中心として，燃え上がる町屋や処刑されている人々が描かれている。海には砲撃を行ったオランダ船も描かれている。（鬼束）

南島原市教育委員会世界遺産推進室室長 **松 本 慎 二**

　原城は，戦国時代の領主有馬氏の重要な城であり，1637（寛永14）年に勃発した島原・天草一揆の舞台となった城である。城の詳細は不明であるが，原城の姿を知ることができる歴史資料としては，一揆討伐のため参加した九州の諸大名家が作成した，幕府軍及び一揆軍の布陣を描いた複数の絵図や文献資料があり，城の縄張りや一揆軍の籠城体制や戦いの状況など，現存する城跡や地形と一致する内容が描かれている。

　島原・天草一揆が日本の歴史に与えた影響は大きく，一揆後の禁教政策はより強固なものとなり，1世紀にわたるポルトガル貿易を禁止するなどの貿易統制をおこなった。また，キリシタンの摘発や幕府による領民統制の手段となった。

　2018（平成30）年7月，長崎県と熊本県の12の文化遺産が集まってひとつの価値をもつ「長崎と天草地方の潜伏キリシタン関連遺産」が，国内で禁止され厳しく取り締まりがある中で，250年以上にわたってキリスト教の教えを守り伝えた歴史が，世界でも類をみないという普遍的価値を受け世界文化遺産に登録された。その構成資産である原城跡は，海禁体制確立の契機となった重要な場所であり，宣教師不在の下に「潜伏キリシタン」が長期間にわたって自らの信仰を密かに継続するきっかけを表す資産として評価されている。

　1992（平成4）年より実施した発掘調査では，島原・天草一揆の際，キリスト教信仰を中心に団結し幕府軍と戦った一揆軍の姿が浮かび上がってきている。

　本丸跡で検出した竪穴建物群跡は，方形の半地下式で，通路を設定するなど計画性が高く，同一集落を基本に家族単位で整然と籠城していたことがわかった。このような組織的な様子は，従来の一揆軍のイメージに対して根本的な再検討を迫るものであり，籠城の実態の一部を明確にする画期的な成果であった。

　また，「十字架」「メダイ」「コンタツ」「花十字紋瓦片」などのキリシタン関係遺物も多数出土し，一揆軍の戦場での強い信仰心が実証されることとなった。

　十字架の多くは鉛製の素朴な作りでロザリオに付くものである。籠城中の信者が火縄銃の鉛玉を溶かして作ったと思われるもので，十字架には合わせ鋳型で製造された痕跡があり，木製の鋳型でも簡単に製造できることが実験で証明できている。一揆軍は籠城中，信仰の必要に応じある時期大量に製造し分配したものと思われ，戦場での強い信仰を表す資料である。

　出土したメダイの多くもロザリオに付くもので，中には制作時期が限定できるものがある。表面は「福者フランシスコ・ザビエル」，裏面は「福者イグナチオ・デ・ロヨラ」を描いたメダイで，ロヨラは1609年，ザビエルは1619（元和5）年に列福され，1622（元和8）年に共に列聖されていることから，この時期に制作され日本に送られたものと思われる。原城は1638（寛永15）年の一揆後に破却（はきゃく）されているため，1619年から1638年の間に日本に送られ，原城に持ち込まれたものである。

　花十字紋瓦片（のきまるがわら）は，軒丸瓦と呼ばれる瓦の破片であり，瓦当面（がとうめん）に花十字紋の文様を有する瓦である。断面はかなり磨耗しており，他に多く出土している瓦片の断面とは異なった様相であるため当初は屋根瓦として使用されていたが，後に二次加工されることで，当時のキリシタンに「聖性」を帯びた遺物として認識され，信仰用具として用いられたと考えられる。1614（慶長19）年に長崎の諸教会やキリスト教施設がことごとく破壊されている。この教会跡から，花十字紋瓦の破片を拾い信仰用具として大切にしていたものを，原城籠城の際に持ち込んだもので，破片面がきれいに磨耗しているのはそのためではないかと思われる。

　キリシタン関係遺物には人骨が伴って出土している。人骨は，各出入口跡，石垣の下，本丸広場一帯から出土しており，なかには子供や高齢者と断定できるものや，刀などによる傷痕が見られるものもある。籠城中の信者はキリシタン遺物を最後まで握り

しめ，激しく戦ったのであろう。一揆軍の信仰心と，原城や島原・天草一揆の壮絶な最期が窺える資料である。

　原城での戦いは，圧倒的な幕府軍の攻撃により鎮圧され一揆は終結する。幕府軍は現地処理として城を徹底的に破壊しており，原城は石垣や一揆軍の遺体と共に埋め尽くされてしまい封印された。

　キリシタン関係遺物の研究は，近年の調査で多くの出土事例が報告され，キリスト教学的，考古学的，美術史学的，自然科学的な学融合的研究において，次第に明らかになってきている。

　とくに鉛同位体比法などの自然科学的分析によって，原城出土の資料に含まれる鉛の産地が，日本，朝鮮半島，中国華南，タイ（ソントー鉱山）など幅広く分布していることがわかり，当時，東南アジアや東アジア圏内との間で行われた南蛮貿易の様相を科学的に言及できるようになった。本展覧会に出品している原城出土の十字架では，資料番号21－1はタイ（ソントー鉱山）産，資料番号21－2は日本産とタイ（ソントー鉱山）産の混合，資料番号21－3は日本産であった。

　「十字架」「メダイ」「コンタツ」「花十字紋瓦片」のキリシタン関係遺物は，日本と西欧，キリスト教との出会いや，その受容，そしてその後の禁教政策という中〜近世初期の日本キリスト教史を考える重要な資料であった。これはこの地域の歴史だけに留まらず，日本全体の歴史や，アジア・西欧との交流の軌跡などにも関わるものであり，世界にとって貴重な遺産として長く後世に伝えるべき普遍的な価値を持っているものと言える。さらに，出土遺物のひとつひとつは，キリスト教と出会い，信仰心を持って生きた人々の存在の確かな証拠であると言える。文献資料だけでは明らかにできない，当時の人々の宗教観や戦場での強い信仰心を現代に伝える貴重な資料である。

【参考文献】
神田高士　2012「原城出土鉛製クルスの製法に関する一考察──鋳造実験をふまえて」大石一久編『日本キリシタン墓碑総覧』南島原市教育委員会
平尾良光・魯　禔玹　2010「原城跡出土のキリスト教関連製品の鉛同位体比分析」『原城跡Ⅳ』南島原市文化財調査報告第4集　南島原市教育委員会
平尾良光　2015「原城出土遺物が示唆する南蛮貿易」『大航海時代と長崎』第19回別府大学文化財セミナー（口頭発表）

写真1　花十字紋瓦片

写真2　メダイ（表面）：福者フランシスコ・ザビエル

写真3　メダイ（裏面）：福者イグナチオ・デ・ロヨラ

千々石ミゲルと伊木力墓所

元長崎歴史文化博物館 **大 石 一 久**

ミゲルが生きた16世紀後半から17世紀前半という時代は、国内的には混乱から安定へと向かう激動の過渡期にあたり、それまでとは異なる新たな価値観が模索された時代であった。その模索の時代にキリスト教は登場し、多くの日本人にこれまでに経験したこともなかった救いと希望の道を与えた。だがその一方で、伝統ある神社仏閣を破壊したり領土的野心で世俗領主と軋轢を繰り返すなど、日本社会を混乱に陥れたことも事実である。その矛盾は、ひとえに宣教師らのインカルチュレーション（伝道先の異文化を導き入れて土着化すること）の精神を欠いた活動にあったし、植民列強と結びついたイエズス会という修道会そのものの体質にあったと考えられる。[注1]

千々石ミゲルと天正遣欧使節

千々石ミゲルは雲仙市千々石町の出身で、同じ有馬出身の大村純忠は伯父、その子息で大村藩初代藩主の喜前や島原半島の有馬晴信（領主・藩主）とは従兄弟の関係にあたる。そのため、1582年、天正遣欧使節の第2正使としてローマに旅立った時は、表向きキリシタン大名の有馬・大村両氏の名代という立場にあった。

8年半もの長く困難な旅路を終え、1590年、使節団一行は無事長崎に帰国した。ただ、彼らが帰ってくる間に、わが国の情勢は大きく変化していた。長崎に帰着する3年前の1587年には豊臣秀吉がバテレン追放令を発布し、その数カ月前にはキリシタンの保護者であった大村純忠と大友宗麟が相次いで死去していた。

帰国翌年の1591年、4人はそろって天草でイエズス会に入会するが、出発時とは全く様変わりした政情のなか、その後の4人にはいずれも厳しい運命が待っていた。

なかでも、千々石ミゲルの後半生はドラマティックな輝線を描く。1601年ころ、ミゲルは、どういうわけかイエズス会を脱会して大村藩に仕え、一部の宣教師の書簡などではキリスト教を棄てた裏切り者的な書き方をされ、それがそのまま通説となって、

最後は「なかなか枯れない雑草」とまで酷評されている。[注2]

ミゲルは本当にキリスト教を棄てたのか、大いに疑問がわく。とくにミゲルが、イエズス会脱会後にキリシタン王国時代の大村藩や日野江藩（有馬）に仕官し、さらに長崎というキリスト教が盛んな3地点にトライアングル状の移動の線を結ばせている点は注目すべきである。しかも晩年の地・伊木力は、1657年の郡崩れ前まではドミニコ会など托鉢修道会に関わる潜伏キリシタンの集住地帯であった。[注3]これら移動先の宗教事情を考えると、ミゲルは、イエズス会という修道会は脱会したけれど、終生キリスト教の一信徒として生涯を全うしたものと考えられる。[注4]この点は、下記する発掘の成果からほぼ裏付けられた。

伊木力墓石と千々石ミゲル

20年前の2003年12月14日、諫早市多良見町山川内郷に建つ一基の大型自然石墓石（写真1）の調査を依頼された。江戸時代、当地は大村藩領の伊木力（壱岐力）村に属し、佐賀藩諫早領との境に位置していた。

この墓石が千々石ミゲル夫妻の墓石と特定できたのは、墓石の表面に刻まれた夫婦（男女）の戒名や紀年銘（寛永九年十二月十二日・十四日）、また裏面に刻まれている「千々石玄蕃允」などの文字情報

写真1　伊木力墓石
（発掘前、地上高約180cm）

が最大の資料である。さらに，この墓地の所有者である大村藩城代家老の浅田家に伝わる文書などから特定した。(註5)

ただ，この結論は地上標識の墓石から判断したのであって，その地下遺構がどうなっているかが次の最大の課題であった。

墓所発掘から見えてきたこと

発掘調査は，2014年9月の第一次調査から一昨年（2021年）9月まで4回実施した。

2017年の第三次調査では，墓石の右側前方からミゲルの妻の墓壙が発掘され，お棺に転用された長持のなかからキリシタン聖具の一部と考えられるガラス玉やガラス片などが出土した（写真2）。また，第四次調査では，墓石の左側前方からミゲル自身の墓壙が出土した。長さ140cm，幅40cm，深さ30cmほどの木棺直葬で，妻同様に側臥屈肢の状態で成人男性骨格が出土したが副葬品は出なかった。

発掘責任者として第一次から陣頭指揮を執っていただいた田中祐介氏（別府大学教授）は，第四次発掘調査の成果，とくに墓地の形成過程について以下のように報告された（図1）。

① 最初に斜面の山肌を削平して墓地を築く
② 次に地鎮祭的な祭祀を実施
③ その後に墓石を建てる
④ 墓石建立後に夫妻の墓壙を同時期に築く

上記の報告は，通常の墓地形成と比較して極めて異例である。急な斜面を削平するにも相当な日数が必要であろう。次に地鎮祭的な祭祀を施したという事実は，祝別みたいな特別の意味をもたせていたのか。通常，埋葬後に建てる墓石を葬る前に建てたとはどういう意味か。その間，2人の遺体はどうしていたのか。また，ミゲル自身の木棺には約100本の釘が打たれていたが，その意図は何かなど，今後検討すべき課題は多岐にわたる。

昨年4月，第四次発掘の完了を受けて指導委員会が開催され，谷川章雄委員長（早稲田大学教授）から「当墓所が千々石ミゲル夫妻の墓所であると確

写真2 第三次発掘で出土したガラス玉（59個）

定する」との結論を得た。また，被葬者の戒名を刻んだ墓石，地下の埋葬遺構，副葬品，人骨という遺跡としての墓を構成する要素がすべてそろった近世初頭の稀有な遺構であるとの評価もいただいた。

最後に，指導委員会委員として貴重な御意見を賜った山田順先生や発掘現場で直に御指導いただいた伊藤慎二先生他皆さまに深く感謝します。

【補註】
（1） 大石一久　2015『天正遣欧使節千々石ミゲル　鬼の子と呼ばれた男』（長崎文献社）参照
（2） ヨゼフ・フランス・シュッテ編　佐久間正・出崎澄男訳　1975『大村キリシタン史料　アフォンソ・デ・ルセナの回想録』（キリシタン文化研究会）p118
（3） 松川隆治・大石一久・小林義孝編　2018『天地始まりの聖地　長崎外海の潜伏・かくれキリシタンの世界』（批評社）参照
（4） 前掲書『天正遣欧使節千々石ミゲル　鬼の子と呼ばれた男』参照
（5） 大石一久　2005『千々石ミゲルの墓石発見』（長崎文献社）など参照
（6） 千々石ミゲル墓所発掘調査実行委員会　2019『千々石ミゲル夫妻伊木力墓所発掘調査（第1－第3次）報告書〔報告編〕〔分析・考察編〕』参照

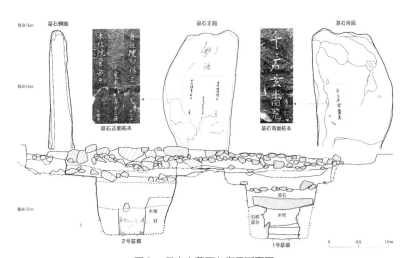

図1 伊木力墓石と復元断面図
（近代に造られた墓所基壇を除去し，墓石を造営当時の位置に復元した）

出品目録

番号	指定　資料名	年代／制作地もしくは出土遺跡名／作者（考古資料は不記載）／素材，形態，技法	法量 (cm)	点数	所蔵（原資料所蔵）
1	日本図（複製）	原資料：1606年／アムステルダム（オランダ）／ヨドクス・ホンディウス／銅版，彩色	縦48.3，横56.5	1	西南学院大学博物館（九州大学附属図書館）
2	聖フランシスコ・ザビエル像（複製）	原資料：17世紀前半／日本／制作者不詳／紙本著色	縦61.0，横48.7	1	西南学院大学博物館（神戸市立博物館）
3	『ローマ教皇グレゴリオ13世伝』	1596年／ローマ（イタリア）／マルコ・アントニオ・チャッピ／版本	縦21.5，横15.8	1	大分市歴史資料館
4	『聖フランシスコ・ザビエル伝』	1793年／ローマ（イタリア）／ジュゼッペ・マッセイ／版本	縦19.8，横14.0	1	西南学院大学博物館
5	府内型メダイ（複製）	原資料：16世紀後半／中世大友府内町跡（大分県大分市）／鉛	1 縦2.2，横1.7，厚さ0.3 2 縦2.2，横1.7，厚さ0.1	1	西南学院大学博物館（大分県立埋蔵文化財センター）
6	十字架鋳型瓦	16世紀後半〜17世紀初頭／臼杵城跡（大分県臼杵市）／軒丸瓦	縦10.3，横13.8	1	臼杵市教育委員会
7	「INRI」銘石造物	16世紀後半〜17世紀初頭／下藤キリシタン墓地（大分県臼杵市）／凝灰岩	縦34.8，横28.5，厚さ15.0	1	臼杵市教育委員会
8	ヴェロニカのメダイと十字架鋳型（複製）	原資料：16世紀後半／博多遺跡群（福岡県福岡市）／粘土	縦4.0，横5.5	1	朝倉市秋月博物館（福岡市埋蔵文化財センター）
9	マリアとキリストのメダイ（複製）	原資料：16世紀後半／博多遺跡群（福岡県福岡市）／鉛・錫	縦3.2，横2.3	1	朝倉市秋月博物館（福岡市埋蔵文化財センター）
10	府内型メダイ（複製）	原資料：16世紀後半／博多遺跡群（福岡県福岡市）／銅	縦2.1，横1.8	1	朝倉市秋月博物館（福岡市埋蔵文化財センター）
11	北九州市指定有形文化財 メダイ	16世紀後半／黒崎城跡（福岡県北九州市）／鉛・錫	縦2.8，横2.2，厚さ0.3	1	北九州市教育委員会
12	十字架	17世紀か／瑞穂遺跡（福岡県大野城市）／銅地銀箔貼り金渡金か	縦1.2，横0.7	1	大野城市教育委員会
13	数珠玉	17世紀／瑞穂遺跡（福岡県大野城市）／ガラス	全長6.0〜3.0	3(連)	大野城市教育委員会
14	罪標付十字架浮文軒丸瓦	17世紀初頭／秋月城跡（福岡県朝倉市）／軒丸瓦	径15.6	1	朝倉市秋月博物館
参考	両替町遺跡キリスト教会堂復元模型	現代	縦57.0，横45.0，高さ17.5	1	久留米市
15	十字浮文軒平瓦	17世紀初頭／久留米城下町遺跡第2次調査（両替町遺跡）（福岡県久留米市）／軒平瓦	1 縦26.8，横25.7 2 縦13.8，横17.2	2	久留米市教育委員会
16	ロザリオ玉	17世紀初頭／久留米城下町遺跡第2次調査（両替町遺跡）（福岡県久留米市）／ガラス	1 縦0.6，横1.0，厚さ0.9 2 縦1.0，横1.0，厚さ0.6	2	久留米市教育委員会
17	花十字文染付碗	17世紀初頭か／久留米城下町遺跡第2次調査（両替町遺跡）（福岡県久留米市）／染付	残存幅10.5，残存高3.0，底径5.8	1	久留米市教育委員会
18	筑後国宗門手形	1795(寛政7)年／筑後国上妻郡川瀬村（福岡県八女郡広川町）／西念寺／一紙，紙本墨書	縦26.0，横34.1	1	西南学院大学博物館
19	大刀洗町指定文化財 邪宗門一件口書帳	1868(明治元)年／福岡県三井郡大刀洗町／伝 老松神社〔写〕／竪帳（半紙本），紙本墨書	縦24.0，横17.5	1	大刀洗町教育委員会
20	鉛玉	17世紀初頭／原城跡（長崎県南島原市）／鉛	径1.5〜1.6	13	南島原市教育委員会
21	十字架	17世紀初頭／原城跡（長崎県南島原市）／鉛	1 縦2.8 2 縦2.9 3 縦2.5	3	南島原市教育委員会
22	ロザリオ珠	17世紀初頭／原城跡（長崎県南島原市）／ガラス	1 径0.7 2 径0.7 3 径0.5 4 径0.5	4	南島原市教育委員会
23	山田右衛門作白状	江戸時代／制作地不詳／制作者不詳／紙本墨書，竪帳（大本）	縦27.2，横18.0	1	南島原市教育委員会（鈴木秀三郎コレクション）
24	原城包囲御陣型図（天草城責図）（複製）	江戸時代／長崎／制作者不詳／紙本著色	縦181.2，横190.0	1	西南学院大学博物館（個人，南島原市教育委員会寄託）

論　考

北部九州の潜伏キリシタンとその信仰復活期の墓地

西南学院大学博物館館長 伊藤 慎二

キリシタン考古学の重要な課題の一つは，禁教が徹底された近世の潜伏期（禁教期）における信仰関連物質文化の把握である。明治以降の近現代日本社会では，潜伏キリシタンへの興味関心が広まった。その結果，無数の偽造品創作や牽強付会的解釈につながり，潜伏キリシタンの物質文化本来の姿を覆い隠す「虚構のかくれキリシタン」（中園 2018）問題を生み出した。禁教期以前のキリシタン墓碑の型式学的特徴は，近年体系的に整理把握された（大石編 2012）。しかし，禁教期の墓地の姿に関しては，未解明の部分が多く残る。そこで，とりわけ実態の把握が進んでいない北部九州におけるキリシタンの墓地の実像を，禁教期から復活期にかけての4箇所（図1）の事例から考える。

（1）今村（福岡県三井郡大刀洗町）

筑後今村（久留米藩）の潜伏キリシタンの起源は不明確であるが，豊後のキリシタン大名の大友義鎮（宗麟）がこの地域を16世紀後半に支配した頃に最初のキリシタンが出現したとみられる。近世の禁教期には，久留米市安国寺や善導寺塔頭不断院などに墓地を営んだが，安国寺にのみ関連墓碑が現存する（伊藤 2015）。竹村覚（1964）が最初に存在を確認した安国寺墓地の潜伏キリシタン墓は，いわゆる櫛型や地蔵像型など細部を含む外観はまったく通常の仏教墓の体裁である（写真1）。地蔵像については，キリシタンとしての信仰対象に仮託・投影していた可能性もあるが，考古学的証明は難しい。また，一般的な仏教墓の規模のため，地下の埋葬もキリシタンに特徴的な伸展葬ではなく，同時代の仏教徒同様の座葬などであったと考えられる。伝承にあるように，埋葬時に遺体の胸元に紙製の十字架を納める程度が潜伏キリシタンとしての葬送にかかわる唯一の物質文化であったとみられる。

近代の信仰復活後は大刀洗町今村地区に墓地が営まれる。復活期初期の墓碑には，近世以来の櫛型状で正面に額縁状の彫り込みを持つ例が特徴的にみられる。

図1 今村・馬渡島・松島・新田原の位置 ※国土地理院地図を元に作成

写真1　安国寺の潜伏キリシタン墓塔

写真2・3　今村の復活期初期の立碑形墓碑

禁教期には戒名があった部分に十字架や洗礼名を刻むことで，カトリック教徒としての墓碑に変化させている（写真2・3）。その後は，頭部に十字架を伴う台座付き立碑形の墓碑なども出現する。ただし，墓碑の形態と密な設置間隔から推して，復活期の埋葬も引き続き座葬または火葬などであった可能性がある。

（2）馬渡島（佐賀県唐津市鎮西町）

長崎市外海黒崎地区（佐賀藩または大村藩領）の潜伏キリシタンであった有右衛門・勘兵衛らの家族が，長崎県平戸市田平や松浦市の今福・福島・鷹島を経て，寛政年間（1789-1801年）または天保年間（1830-1844年）頃に唐津藩領の馬渡島へ移住した。その後，黒崎のほかに長崎県平戸市の平戸・黒島・紐差などから潜伏キリシタンの移住者も加わり，島の東部内陸高台に潜伏キリシタン（カトリック教徒）が集住する新村を開拓した（牧山編 1991，宮崎・藤井ほか 2001，渡邊2022）。近世の禁教期には，鎮西町名護屋にある龍泉寺の名目上の檀信徒であったため僧侶による仏教式の埋葬を行った。しかし，その後改めて掘り返し棺内に木製の十字架を納めキリシタンとして再埋葬したとされる（牧山編 1991:135頁，渡邊 2022:62頁）。

馬渡島カトリック教会正面の南側に墓地が広がる。西側から東側に向けて低くなる斜面に墓地が営まれている。おおむねすべての墓碑正面が東側で，北側側面が教会に向いている（写真4）。一部可能性のある部材を除けば，近世の明確な墓碑は確認できない。明治期から現在までの多様な墓碑がみられる。墓地内の地面は舗装され各墓碑の配列は整然としていることから，現状は20世紀後半以降に整備された状態と考えられる。20世紀後半以降は頭部に十字架を伴う台座付き立碑形の墓碑が卓越しているが，それ以前の特に明治・大正期の墓碑は各種の伏碑形墓碑（整形石材・自然石材）

が目立つ（写真5）。なお，蓮華座を伴う仏教墓塔の額縁内部に十字架を刻むことでキリスト教墓碑とした1916（大正5年）の例もある（写真6）。馬渡島島内の仏教墓塔との関連が推測できる。

明治・大正期に多い伏碑形墓碑は，馬渡島に移住した潜伏キリシタンの故郷である長崎県外海地方や平戸地方の同時期の墓碑形態と共通する。幕末の禁教期の墓碑形態は不明であるが，あるいは禁教期から復活期まで継続して伸展葬または屈葬が行われていたため，復活期にそれらに対応した伏碑形墓碑が速やかに採用された可能性がある。

写真4　馬渡島教会墓地全景

写真5　馬渡島教会墓地の伏碑形墓碑

写真6　馬渡島教会墓地の仏教墓塔転用立碑形墓碑

（3）松島（佐賀県唐津市鎮西町）

　長崎県佐世保市黒島（平戸藩）出身の潜伏キリシタンであった福蔵が，安政年間（1854−1860年）にともに唐津藩領内の加唐島から松島へ移住した宗貞八の婿養子となった。その福蔵が黒島よりさらに複数の潜伏キリシタン移住者を招いたことが，松島のキリスト教社会の源流である（宮崎・藤井ほか 2001・2006）。

　港に面した海辺の松島カトリック教会に対して，墓地は島内陸部の集落背後の斜面に営まれる。教会と墓地はどちらからも目視できない。南西から北東に向けて低くなる斜面で，北東側が正面となる墓碑が多いが，南東側が正面の例も少数ある。20世紀後半以降は頭部に十字架を伴う台座付き立碑形の墓碑が多く，正面に洗礼名や十字架を刻むことを除けば仏教墓塔とほぼ同じ基壇付きの櫛型や方柱状の立碑形の墓碑も少なくない（写真8）。南西側最高所に禁教期末期または復活

写真7　松島墓地の十字架立碑形墓碑

写真8　松島墓地南西部全景

写真9　松島墓地の宗貞八墓塔（左奥）と配石墓（手前）

期初期とみられる墓が集中している。最初の島民である宗貞八の1883（明治16）年の仏教墓塔周辺には，かなり崩壊が進んだ自然礫の配石墓（組石墓）が複数みられ（写真9），それらに棒状などの自然礫の立碑形墓碑が伴う例もある。斜面浸食防止のための防水シートを墓地内に敷いた際に，配石墓（組石墓）の構成石材がかなり動かされたようである。島内で製作されたとみられる小形の石製十字架立碑形の墓碑も確認できる（写真7）。配石墓（組石墓）は，潜伏キリシタンの故郷である長崎県佐世保市黒島などの禁教期以来の墓制と関連する可能性がある。

（4）新田原（福岡県行橋市）

　新田原にある北海道のトラピスト修道院九州分院に，長崎県五島から潜伏キリシタンの子孫であるカトリック教徒移住者の信徒が1926（大正15）年以降多数加わった。その後，1930（昭和5）年に新田原カトリック教会が同地に設立された。五島からの移住者の出身地は，新上五島町の中通島仲知地区や五島市の奈留島などが多いとされる（山川ほか 1975）。

　1975年以前の旧聖堂と墓地を写した写真（山川ほか1975:24頁）では，教会横の墓地に，石列などで細長

写真10　新田原教会旧墓地

写真11　新田原教会墓地全景

く区画した木製の十字架を伴う墓と，頭部に十字架を伴う台座付き立碑形の墓碑が確認できる(写真10)。石列などで細長く区画した木製十字架を伴う墓は現存しないため詳細は不明であるが，あるいは五島における復活期初期の墓の形態との関連性も考えられる。現在の墓地は，20世紀後半以降に整備された状態で，「復活キリスト像」を中心に頭部に十字架を伴う台座付き立碑形の墓碑などが整然と配列されている。ただし，ボネ神父（1878-1959年）の墓を代表に，伏碑形墓碑または伏碑形墓碑と十字架を伴う立碑の複合形墓碑も少数みられる（写真11）。

まとめ

　北部九州の4箇所における近代のキリスト教信仰復活の墓碑には，その前段階の禁教期の特徴を受け継いだものがある。禁教期の墓碑形態は，当時の社会で周囲の仏教墓と区別がつかない外観的特徴であることが重要な前提条件であった。たとえ細部であっても，キリシタンであることが判別できるような意匠や文字を刻む社会的余地はいっさい無かったといえる。そし

て，禁教期の仏教式墓塔正面の戒名が刻まれていた部分に，復活期には洗礼名や十字架を鮮明に刻むことで信仰を復活したキリスト教徒の象徴としての墓碑に転化させた。

　なお，馬渡島・松島や新田原と異なり，今村では復活期でも伏碑形墓碑や伸展葬に対応した墓がほとんどみられないことが特徴である。これは，島嶼部と異なり往来の盛んな筑後平野の中央にある今村では，より周囲の監視が厳しかったことに由来する可能性がある。つまり，禁教期に仏教式の座葬などの受容を余儀なくされ，復活期初期も伝統的な埋葬姿勢としてそのまま継承されていた可能性がある。それに対して，松島の配石墓（組石墓）は，同様の例が禁教期から復活期にかけての長崎県平戸・外海・五島地方などで広く知られる（大石編 2007，加藤・野村 2021）。これは，宗教色が不明瞭な墓標であったために，キリシタンとしての伸展葬または屈葬という埋葬姿勢にも対応できていたため，そのまま移住先でも復活期初期まで継承された可能性がある。

【引用参考文献】

伊藤慎二　2015「考古学からみた筑後今村キリシタン」，『国際文化論集』29巻2号：71-97頁，西南学院大学学術研究所（福岡）［再録：2015『邪宗門一件口書帳』大刀洗町文化財調査報告書59集：13-28頁，大刀洗町教育委員会（福岡）］

大石一久編　2007『復活の島：久賀島キリスト教墓碑調査報告書』，長崎文献社（長崎）

大石一久編　2012『日本キリシタン墓碑総覧』，南島原市教育委員会（長崎）

加藤久雄・野村俊之　2021「五島列島における潜伏キリシタン墓の研究史　その1．略史」，『現代社会学部紀要』20巻1号：55-62頁，鎮西学院大学（旧長崎ウエスレヤン大学）（長崎）

竹村　覚　1964『キリシタン遺物の研究』，開文社（東京）

中園成生　2018『かくれキリシタンの起源：信仰と信者の実相』，弦書房（福岡）

牧山忠治編　1991『「海の星」馬渡島キリシタン小史』，海の星学園同窓会（東京）

宮崎克則・藤井悟ほか　2001・2006『新版　鎮西町史』上下巻，鎮西町・唐津市（佐賀）

山川辰幸ほか　1975『四十五年のあゆみ：新田原カトリック教会四十五年史　1930-1975』，新田原カトリック教会・新田原カトリック教会献堂準備委員会（福岡）

渡邊秀一　2022『馬渡島における社会と文化の変容』，私家版（大阪）

※写真は，写真10（山川ほか　1975：24頁）を除き，すべて筆者撮影。

キリシタン墓碑の花十字文とその寸法

糸島市地域振興部文化課　秋田雄也

はじめに

1549（天文18）年にフランシスコ゠ザビエルによって日本へ伝えられたキリスト教は瞬く間に日本中へ広がった。多くのキリシタンが国内に存在し，大名やその家臣のほか，多くの民衆がキリスト教を信仰した。

文献史学では国内のキリスト教の伝播や受容などに関する数多くの研究があるが，考古学における研究例は数少ない。主にキリシタンに関する研究としては，メダイなどのキリシタン遺物や墓地，墓碑などが挙げられる。

特に墓地や墓碑に関しては近年，資料が増えつつある。墓は造墓集団の信仰や地域性が出やすいものといえることから，国内のキリスト教受容に関して適した研究対象といえる。

キリシタン考古学の中で大きな転換点となったのは大分県臼杵市の下藤地区キリシタン墓地（国指定史跡）であろう。この墓地の発掘調査後，禁教令後の潜伏キリシタンの墓地に関する研究も増えている。墓碑に関しては『南島原市世界遺産地域報告書　日本キリシタン墓碑総覧』の刊行により，全国のキリシタン墓碑に関するデータや編年等の研究がまとめられた。これまで複雑で多岐にわたったキリシタン墓碑を改めて簡潔かつ明確に分類した。

実際に発掘調査が行われた墓地は数少ないため，今回の論考では，「キリシタン墓碑」と呼ばれるキリシタンの墓上に設置された墓碑を中心に論じる。「キリシタン墓碑」という言葉について，大石一久氏は「日本キリシタン墓碑総覧―分析と課題―」（2012）の中で日本伝統の墓石については「墓塔」，キリシタン墓石についてはモニュメントとしての性格が強いため「墓碑」と区別している（大石2012）。これにならって本論文ではキリシタン墓石を「キリシタン墓碑」と呼ぶ。

キリシタン墓碑と十字架文

キリシタン墓碑にはしばしば十字架が施される。施される十字架は幾つかの種類に分類される。森脇あけみは石造十字架やキリシタン墓碑の十字架を，大きく「ラテン十字」と「ギリシャ十字」に分けた（森脇2012）。森脇はこの2種類の十字架に付帯属性が組み込まれることで様々なヴァリエーションが生まれたと考えている（森脇2012）。付帯属性としては軸木下部に付属するゴルゴダの丘を表現したカルワリオ，イエスの名を示す「IHS」，軸木頂部に付属する「罪標」もしくは「INRI」の記銘が挙げられる（森脇2012）。十字架と属性の組み合わせにより，「ラテン十字」と「罪標」・「カルワリオ」の組み合わせ，「罪標」・「IHS」の組み合わせを形成すると述べた（森脇2012）。

さらに森脇は，畿内と九州の間に地域差があるとした。この地域差は京都と九州の布教保護の差異によるもので，京都は既存の仏教勢力が強く，教会や修道院も目立たないようにしていたことが原因と考えている。森脇はそのため，十字架図章の視覚的伝達について，印刷物が大きな役割を果たしたという。

課　題

キリシタン墓碑については被葬者や墓碑形式の拡大の様子，カトリックの会派による墓碑の違いなどについて数多くの問題が残る。その中でも特に九州におけるキリスト教の拡大と受容について分析を行いたい。

筆者はキリシタン墓碑に刻まれた十字架文に注目した。十字架文という文様はキリスト教において象徴（シンボル）的である。現在のキリスト教においてもラテン十字のほか，様々な十字架文が使用される。日本でも16〜17世紀のキリシタン墓地にはクルザードと呼ばれる大十字架が建てられ，祈りの場でもあった。現在キリシタン墓地と推定される場所では石造十字架の

一部（本書11頁，資料番号7）が確認されており，その存在が裏付けられている（神田編2016，田中2014）。また，キリシタン墓碑そのものにも木製十字架が取り付けられていたようで，現在は伏碑形墓碑の胴背面にほぞ穴が残っているものもある。現在の日本でも教会やキリスト教徒墓地に訪れると十字架が掛けられ，墓石に十字架が設置されている光景を見ることができる。

調査

2016～2018年にかけて，キリシタン墓碑に刻まれた十字架文について以下の通り調査を行った。

調査地：長崎県島原市・南島原市・雲仙市
調査方法：現地にてキリシタン墓碑の写真撮影や観察を行うとともに十字架文の大きさをコンベックスを利用し，図1の凡例に従い計測した。国指定吉利支丹墓碑については，大石一久氏の拓本図を参考にし，刻まれた3つの花十字文を大・中・小として便宜上名付けた。

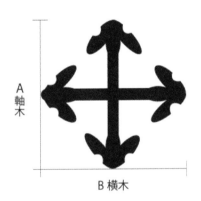

図1　十字架文（花十字文）凡例

なお，十字架文の彫り込みには型紙などもあったと推定されることから，墓碑製作者から石工に対して寸法の指定があったと考えられる。そこで，調査を実施した十字架文を16～17世紀初頭の日本で使用されたと考えられる寸法で分析する。墓碑製作者はキリシタン墓碑に刻む十字架文を石工に発注する際に大きさを，「寸」もしくは宣教師が用いていた長さの単位のどちらかで発注していたと考えられる。宣教師の用いていた単位についてはポルトガル人宣教師ルイス＝フロイスの記した『日本史』（松田・川崎訳1977）が参考となる。本文中には「ブラサ」（braca），「パルモ」（palmo）など様々な単位が登場する。1977年刊行の松田毅一・

川崎桃太訳『日本史1』では凡例で，長さの単位は，「ブラサ」は2.22cm，「デード」（dedo）は2.75cm，「パルモ」は22.1cm，であると述べている（松田・川崎1977）。これらの単位を考えると，先述の宣教師がキリシタン墓碑に対して用いていた可能性のある単位は「デード」であろう。

分析および考察

本論考では主に花十字文について分析を行う。

調査結果を元に図2・3のグラフを作成した。グラフの単位は「寸」（3.03cm）・「デード」（2.75cm）を用い，単位換算については小数点第3位を切り捨てた。

「デード」のグラフ（図2）からは軸木と横木の数値に大きな関連性を見出せない。したがって，キリシタン墓碑に刻まれた十字架は「デード」の単位で規格化されていないことが推測される。

それでは「寸」ではどうだろうか。花十字文の図3から6つのグループに分類が可能である。これらのグループをA～F群と便宜上名付ける。さらに「デード」と「寸」を比較すると，「寸」の方が整数で表すことのできる数字が多く，デードに換算した表の方が数値にばらつきが見られる。このことから，おそらくキリシタン墓碑に刻まれた十字架は「寸」を用いて規格された可能性が高い。

A～Fに分けた6群をA群＝1寸・B群＝4寸・C群＝5寸・D群＝6寸・E群＝8寸・F群＝12寸というように軸木と横木の数値から分類を行った。しかしながらこの結果は花十字文に適用されるもので，罪標十字架文およびラテン十字架文では規則や共通点はほとんどなかった。花十字文とは異なる規則で設計されているのかもしれない。この結果から，キリシタン墓碑に刻まれた花十字文は，ヨーロッパの宣教師の影響力が及んでいなかった可能性がある。

このような状況はキリシタンが住民である比率の占める割合が高い島原半島において見られるため，信徒の比率の少ない他の地域でも同様の可能性が高い。今後の課題として九州にとどまらず，キリシタン墓碑の集中する豊後や畿内地域において，同様の観点から調査を行っていきたいと考えている。

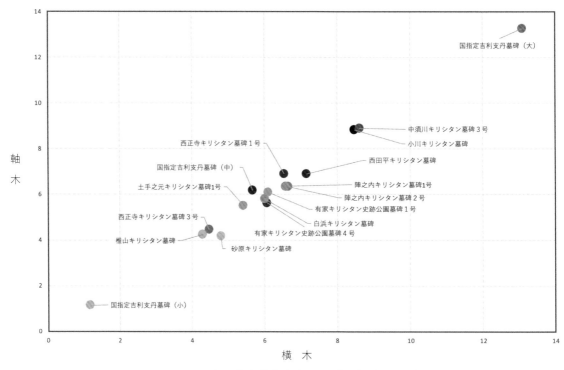

図2　島原半島花十字文サイズ分布（デード）

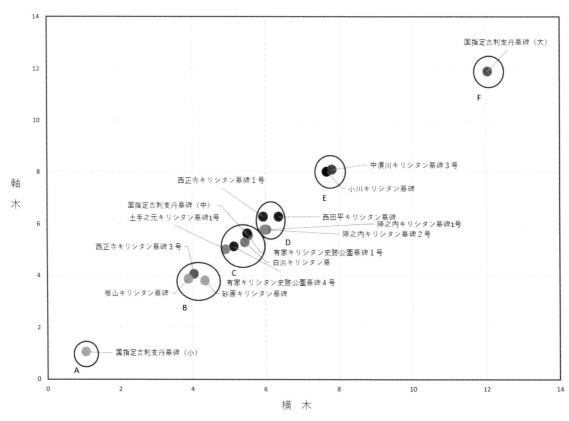

図3　島原半島花十字文サイズ分布（寸）

B群　砂原墓碑群１号墓碑（筆者撮影）

C群　白浜キリシタン墓碑花十字文（筆者撮影）

D群　西田平キリシタン墓碑花十字文（筆者撮影）

E群　中須川墓碑群３号墓碑および
花十字文（画像中央，筆者撮影）

【参考文献】
大石一久編 2012『南島原市世界遺産地域調査報告書　日本
　キリシタン墓碑総覧』南島原市教育委員会
神田高士編 2016『下藤地区キリシタン墓地』臼杵市教育委
　員会
田中裕介 2012「キリシタン墓地の構造」『2012年度日本考古
　学協会総会発表要旨』637-655頁，日本考古学協会
田中裕介 2012「日本における16・17世紀キリシタン墓碑の
　形式と分類」『南島原市世界遺産地域遺産調査報告書　日
　本キリシタン墓碑総覧』南島原市教育委員会，389-406頁
田中裕介 2014「日本のキリシタン墓研究の現状」『臼杵史談』
　第104号１-26頁，臼杵史談会
森脇あけみ 2012「石の十字架―石造十字架からみたキリス
　ト教信仰」『南島原市世界遺産地域調査報告書　日本キリ
　シタン墓碑総覧』南島原市教育委員会，447-490頁
ルイスフロイス著，松田毅一・川崎桃太訳 1977『フロイス
　日本史　１豊臣秀吉編』中央公論社

※この論考は2018年度３月に西南学院大学大学院国際文化
　研究科に提出した修士論文の一部を新たに追記・編集し
　たものである。

大野城市瑞穂遺跡出土の「十字架」と「数珠玉」についての検討

西南学院大学博物館
学芸研究員　　**鬼 束 芽 依**

はじめに

　16世紀後半から17世紀初頭までのキリスト教の広がりを裏付けるように，九州各地ではキリシタンに関わる遺物（キリシタン遺物）が出土する。また，信仰具等の伝世品の存在も知られている。近年，キリシタン関連の遺跡やキリシタン遺物の報告事例が増えたことで，考古学的観点からキリシタンの実態を明らかにしたり，新たな解釈を加えたりすることが可能となっている。本稿は，福岡県大野城市瑞穂遺跡の第7・8次調査において，近世墓（SX21）から出土した「十字架」と「数珠玉」を取り上げ，それらのキリシタン遺物としての可能性を検討するものである。

大野城市域のキリシタンについて

　現在のところ，大野城市域のキリシタンに関する記録は確認できない（大野城市史編さん委員会編2005：683頁）ため，大野城市域にキリシタンがいたか，いつごろから現れたか，資史料から確認することはできない。しかし周辺地域においては，文献史料・考古資料からキリシタンの存在が確認されている。
　例えば博多では，1557（弘治3）年に大友義鎮（宗麟）がイエズス会に教会の用地を与え，はじめての教会が建てられた。この教会推定地周辺と考えられている博多遺跡群第111次調査地点からは，メダイと十字架の鋳型（本書19頁，資料番号8）やメダイ2点（本書20頁，資料番号9・10）が出土しており，周辺には多くのキリシタンがいたことが示唆される。
　しかしながら，その後の相次ぐ戦乱によって博多の町と教会は焼失し，キリシタンを含む博多の住人は周辺地域に移り住んだという。博多の豪商で熱心なキリシタンであった末次興善も，博多から秋月の屋敷へ引き揚げたといわれる。秋月では，興善の自費により1582（天正10）年にはじめての教会が建てられた。久

留米では，1587（天正15）年にキリシタン大名の毛利秀包が久留米城に入城し，妻マセンシアと共にキリシタン保護活動を行った。久留米城下には二つの教会があったといわれており，久留米城下町遺跡第2次調査地点（両替町遺跡）からは，教会と推定される建物跡（本書29頁）が検出されており，周辺遺構から十字架文を施した軒平瓦（本書31頁，資料番号15），ロザリオ玉（本書32頁，資料番号16）が出土している。
　一方，博多にはしばらく教会がない状態であったが，1600（慶長5）年に黒田長政が筑前を拝領したことにより，状況が変化する。長政は，熱心なキリシタンであった父・如水や叔父・直之の依頼を受けて，博多に教会を再建した。博多の教会には周辺から多くのキリシタンが集まり，賑わっていたという。直之が支配していた秋月でも，1604（慶長9）年にレジデンシア（司祭館）が建てられた。
　このように，大野城市域の周辺地域においてはキリシタンの活動を裏付ける資史料が確認されている。博多の町が戦乱で焼失した際にキリシタンたちが周辺や隣国に移り住んだことや，大野城市域が博多と各地をむすぶ道路上に位置し，往来の多い場であったことを鑑みると，博多のキリシタンが大野城市域へ逃げ移っていた可能性や，キリスト教関連施設のあった博多や秋月・久留米・柳川などを往来するキリシタンの影響を受けていた可能性などが考えられる。よって，大野城市域にキリシタンがいたことに矛盾はないと考える。

近世墓（SX21）出土
「十字架」・「数珠玉」についての検討

　瑞穂遺跡第7・8次調査では，近世～近現代の甕棺墓・桶棺墓・土坑墓・木棺墓が確認された。墓の形式ごとに出土遺物から前後関係が整理されている（上田・澤田編2022：230頁）。最もさかのぼる遺物としては，17世紀代のものと考えられる唐津系の陶器が木棺墓2基から出土している。また，桶棺墓2基・木棺墓1基から18世紀中ごろ～19世紀前半ごろの「くらわ

図 1　近世墓（SX21）出土遺物実測図
（1は1/3，他は原寸，上田・澤田編 2022：131頁第95図を改変）

んか碗」が出土している。近代以降の遺物については，大正 9 年一銭と昭和17年十銭がいずれも甕棺墓から出土している。これらのことから，少なくとも17世紀には墓地（木棺墓・土坑墓）の形成がはじまり，18世紀には桶棺墓，19〜20世紀には甕棺墓へ変遷したと考えられている。

近世墓（SX21）の概要

　近世墓（SX21）は調査区南東側に位置する。長軸1.3 m（床面で1.0 m），短軸0.95 m（床面で0.7 m）の平面隅丸方形を呈し，深さは0.6 mである。出土遺物は，青磁碗（図1-1）・数珠玉（図1-2〜4）・十字架（図1-5）である。青磁碗については，同安窯系とされている。同安窯系青磁は12世紀後半から13世紀前半に輸入されていたものであるため，混入品の可能性がある。

「十字架」についての検討

　縦1.1cm，横0.7cm，厚さ0.1cmで，平板状である。銅地銀箔貼り金渡金のようにみえる。縦横軸は直線的で，端に向かってやや広がりつつ末端が剣菱形となっている。縦木（軸木）頂部には十字架面に対して平行に紐を通すための鈕がつけられている。表面に目立つ装飾はみられない。携行用十字架と考えられるが，そのなかでもひときわ小さいものと考えられる。類例を確認するため，長崎県内から出土した携行用十字架を図2にまとめた。

　図2-1・2は蓋付の聖遺物容器。図2-1〜3は，縦木頂部に鈕がついており，表面に装飾がみられる。図2-4・5は，縦木末端にコブ状のふくらみがある。図2-6は平板状で，上部に孔が開いている。図2-7〜35は原城跡から出土した十字架である。これらは松本慎二氏により形状の特徴から2類5種に分類されている（松本 2010）。瑞穂遺跡出土品は，形状的にはⅠ類（縦横軸が直線的なもの）が近いと考えるが，Ⅰ類には貫通孔が施されたもの（図2-7〜12）が目立

つ。Ⅰ-B（図2-13）は平板状で，向きは異なっているが上部に鈕がついている点で瑞穂町遺跡出土品と共通している。また，縦横軸端に向かって広がる形状はⅡ-Bのいくつか（図2-30〜33）とも似ているが，末端が剣菱形のものはみられない。

　さて，これらの出土例と比べてみても，瑞穂遺跡において出土した「十字架」は現在のところ完全に一致する類例が確認できない。また他の遺跡出土の十字架と比べて非常に小さい例といえる。しかしその小ささにもかかわらず，丁寧なつくりであることが特徴である。

「数珠玉」についての検討

　半透明，乳白色，褐色などを呈している。大きさは径0.4〜0.6cm，厚さ0.2〜0.4cmで，いずれも同形である。遺体の首付近と考えられる位置から集中して出土したとされる。同様の数珠玉は他の土坑墓からも出土している。

　「十字架」に伴って出土していれば，これらの「数珠玉」はロザリオの一部と考えられる。九州においては，中世大友府内町跡（大分県大分市）や久留米城下町遺跡第2次調査（両替町遺跡：福岡県久留米市）・原城跡（長崎県南島原市）からロザリオの一部と思われるガラス製の珠が出土していることが知られる。しかしながら，「十字架」が確実にSX21から出土したか不明であるため，「数珠玉」がロザリオの一部であるかは確実でない。また，高槻城キリシタン墓地（大阪府高槻市）や東京駅八重洲北口遺跡（東京都千代田区）では木製のロザリオ珠が出土していることや，当時のロザリオは木製が主流であったとされる（大分県教育庁埋蔵文化財センター編 2016：27頁）ことからも，素材のみでキリシタン遺物と位置付けることはできない。

　では，数や大きさからはどうであろうか。「数珠玉」はいずれも同形で，近世墓（SX21）からは73点出土している。ロザリオは，1590年代の日本においては，50個の小珠と4個の変形珠と1個の大珠（あるいは変形

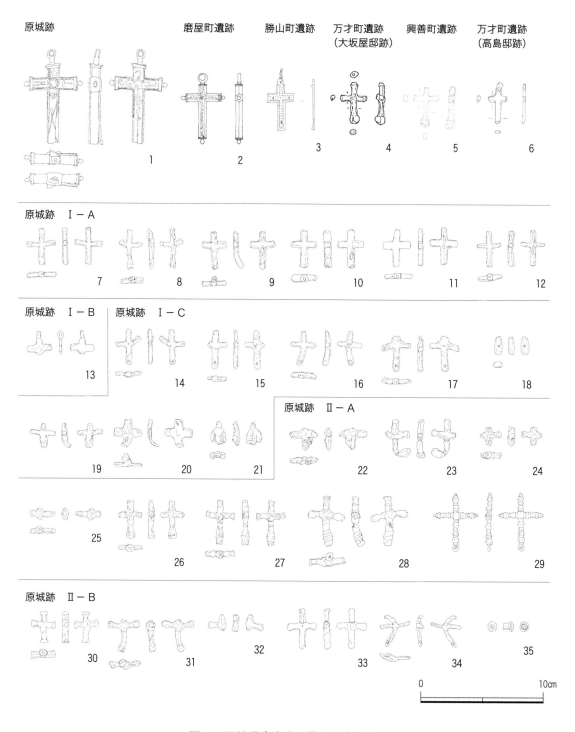

原城跡　　　　　　　　磨屋町遺跡　勝山町遺跡　万才町遺跡　興善町遺跡　万才町遺跡
　　　　　　　　　　　　　　　　　　　　　　　（大坂屋邸跡）　　　　　　（高島邸跡）

1　　　　　　　2　　　　　　3　　　　　4　　　　　5　　　　　6

原城跡　Ⅰ－A

7　　　　　8　　　　　9　　　　　10　　　　　11　　　　　12

原城跡　Ⅰ－B　原城跡　Ⅰ－C

13　　　　　14　　　　　15　　　　　16　　　　　17　　　　　18

原城跡　Ⅱ－A

19　　　　　20　　　　21　　　　22　　　　　23　　　　　24

25　　　　　26　　　　　27　　　　　28　　　　　29

原城跡　Ⅱ－B

30　　　　　31　　　　32　　　　　33　　　　　34　　　　35

0　　　　　　　　　　　10cm

図2　長崎県内出土の携行用十字架

【出典】 1（松本 2010）172頁第5図20、2（宮下編 2002）77頁第49図3、3（扇浦編 2003）75頁第54図3、4（川口編 2007）49頁第39図23、5（長崎市教育委員会編 1998）86頁第50図2、6（長崎市教育委員会編 1992）41頁Fig.19－2、7～13（松本 2010）168頁第1図、14～21（松本 2010）169頁第2図、22～29（松本 2010）170頁第3図、30～35（松本 2010）171頁第4図

珠・十字架・石のいずれか）で構成された「15玄義形式」のものと，同形の珠が63個綴られた形式のものがあったとされる（高橋編 2001：108頁）。しかしながら，カトリック教会既定の形式はなく伝世品にはそれ以外の形式もみられることや，日本を含むアジアで製作されたものの場合であれば，製作者がロザリオに対する認識が不十分であった可能性は考慮すべきであろう。そのような例として，仙台市博物館所蔵の《ロザリオの聖母像》に描かれている「15玄義形式」のロザリオは，各連間の小珠数が不正確であり，製作者が信者ではなかった可能性が指摘されている（神吉1989：159頁，佐々木2021：141頁）。

福岡県内の近世墓におけるガラス製の数珠玉の報告例は少ない。同時期の例であれば，外之隈遺跡（朝倉市）の３号近世墓（長方形土壙）からガラス製の数珠玉が12点出土している（伊崎編1995）。また18世紀以降の例にはなるが，原田（筑紫野市）第１号墓地では，検出された52基の土葬墓のうち１基からガラス製の数珠玉が41点出土している。また同様に第２号墓地では７基のうち２基から最大６点，第40号墓地では87基のうち５基から最大71点，第41号墓地では75基のうち２基からガラス製の数珠玉が13点出土している（森山編2006）。墓全体の数から見るとガラス製の数珠玉が副葬されている例は少ない。当時ガラスは貴重な素材であったため，被葬者の身分も関係すると思われる。

以上のように，近世墓においてガラス製数珠が出土する例は珍しいとはいえるものの，「15玄義形式」などの決まった形式がとられているか，十字架やメダイなど他の信仰具に伴って出土しているか，または棺に十字架の意匠が施されているなどの状況証拠が無い限り，「数珠玉」がキリシタン遺物であるとは断定できない。

おわりに

本稿では，大野城市瑞穂遺跡第７・８次調査で出土した「十字架」と「数珠玉」のキリシタン遺物としての可能性を検討した。十字架の形については，十字架以外のキリシタン遺物に施された十字架の意匠も確認する必要があるが，紙幅の都合上言及できなかった。またロザリオ珠については，土中で残存しにくいため出土例が少ないものの，当時はガラス製ではなく木製のものが主流であった（大分県教育庁埋蔵文化財センター編 2016：27頁）という点も考慮すべきである。

ただし，その地理的・歴史的環境から大野城市域においてキリシタン遺物が出土する可能性は否定できない。瑞穂遺跡出土の「十字架」と「数珠玉」をめぐっては，類例の蓄積を待ち，さらに検討を深めていきたい。

最後になりましたが，本稿を執筆するにあたって資料調査にご協力いただきました大野城市教育委員会上田龍児氏，大野城心のふるさと館早瀬賢氏に記して感謝いたします。

【註】
（１）「十字架」については，「確実ではないがSX21出土遺物として報告」（上田・澤田2022：124頁）されている。

【主要参考文献】
伊崎俊秋編　1995『外之隈遺跡』九州横断自動車道関係埋蔵文化財調査報告書35，福岡県教育委員会
上田龍児・澤田康夫編　2022『瑞穂遺跡５』大野城市文化財調査報告書第200集，大野城市教育委員会
扇浦正義編　2003『勝山町遺跡：長崎市桜町小学校新設に伴う埋蔵文化財発掘調査報告書』　長崎市教育委員会
大分県教育庁埋蔵文化財センター編　2016『豊後府内を掘る：明らかになった戦国時代の都市』　大分県教育庁埋蔵文化財センター
大野城市史編さん委員会編　2005『大野城市史』上巻，大野城市
川口洋平　2007『万才町遺跡Ⅱ：県庁新別館増築工事に係る埋蔵文化財発掘調査報告書』　長崎県教育委員会
神吉敬三　1989「イベリア系聖画国内遺品に見る地方様式」美術史學會編『美術史』第38巻２，151〜172頁
佐々木和博　2021「国宝『慶長遣欧使節関係資料』における《ロザリオの聖母》プラケットの系譜と年代」東北学院大学東北文化研究所編『東北学院大学東北文化研究所紀要』第53号，125〜150頁，東北学院大学東北文化研究所
高橋公一編　2001『高槻城キリシタン墓地：高槻城三ノ丸跡北郭地区発掘調査報告書』高槻市文化財調査報告書第22冊，高槻市立埋蔵文化財調査センター
長崎市教育委員会編　1992『長崎家庭裁判所敷地埋蔵文化財発掘調査報告書』　長崎市教育委員会
長崎市教育委員会編　1998『興善町遺跡：日本団体生命保険株式会社長崎ビル建設に伴う埋蔵文化財発掘調査報告書』　長崎市教育委員会
森山栄一編　2006『原田第１・２・40・41号墓地　下巻：原田駅前土地区画整理事業地内埋蔵文化財発掘調査報告書』筑紫野市文化財調査報告書3，筑紫野市教育委員会
松本慎二　2010「キリシタン関連遺物」伊藤健司編『原城跡Ⅳ：平成13〜20年度の調査　過年度調査のまとめ』南島原市文化財調査報告書第４集，164〜175頁，南島原市教育委員会
宮下雅史編　2002『磨屋町遺跡：長崎市立諏訪小学校建設に伴う埋蔵文化財発掘調査報告書』　長崎市教育委員会
Cieslik, Hubert　1979「慶長年間における博多のキリシタン」キリシタン文化研究会編『キリシタン研究』第十九輯，3〜200頁

参考文献

井澤洋一　2010「福岡藩領内におけるキリシタンの動向と考古資料」「海路」編集委員会編『海路』第9号，31〜49頁，海鳥社

伊藤健司編　2010『原城跡Ⅳ：平成13〜20年度の調査　過年度調査のまとめ』南島原市文化財調査報告書第4集，南島原市教育委員会

伊藤慎二　2015「考古学からみた筑後今村キリシタン」　西南学院大学学術研究所編『西南学院大学国際文化論集』第29巻第2号，71〜97頁，西南学院大学学術研究所

今野春樹　2013『キリシタン考古学：キリシタン遺跡を掘る』考古調査ハンドブック8，ニュー・サイエンス社

上田龍児・澤田康夫編　2022『瑞穂遺跡5：第3・4・7・8・10次調査』大野城市文化財調査報告書第200集，大野城市教育委員会

大石一久編　2012『南島原市世界遺産地域調査報告書　日本キリシタン墓碑総覧』　南島原市教育委員会世界遺産登録推進室

大石昇編　1996『久留米城下町　両替町遺跡』久留米市文化財調査報告書第116集，久留米市教育委員会

大分県教育庁埋蔵文化財センター編　2015『新しい大分の考古学』　大分県教育庁埋蔵文化財センター

大分県教育庁埋蔵文化財センター編　2016『豊後府内を掘る：明らかになった戦国時代の都市』　大分県教育庁埋蔵文化財センター

大分県立埋蔵文化財センター編　2019『令和元年後企画展　大友氏の栄華Ⅲ　宗麟とキリスト教：地中に眠るキリシタンの時代』展覧会図録，大分県立埋蔵文化財センター

神田高士ほか　2016『下藤地区キリシタン墓地』臼杵市教育委員会

五野井隆史　2002『日本キリシタン史の研究』　吉川弘文館

五野井隆史監修　2021『潜伏キリシタン図譜』　潜伏キリシタン図譜プロジェクト実行委員会

佐藤一郎編　2002『博多85：博多小学校建設に伴う埋蔵文化財発掘調査報告書』福岡市埋蔵文化財調査報告書第711集，福岡市教育委員会

佐藤浩司編　2007『黒崎城跡3：前田熊手線街路事業に伴う埋蔵文化財調査報告』北九州市埋蔵文化財調査報告書第375集，北九州市芸術文化振興財団埋蔵文化財調査室

大刀洗町教育委員会編　2015『邪宗門一件口書帳』大刀洗町文化財調査報告書第59集，大刀洗町教育委員会

野藤妙　2018「西南学院大学博物館所蔵『筑後国宗門手形』」　西南学院大学博物館研究紀要編集委員会編『西南学院大学博物館研究紀要』第6号，105〜114頁，西南学院大学博物館

半田康夫　1961『豊後キリシタン遺跡』　いずみ書房

平尾良光　2018「日本の歴史における産地推定のための鉛同位体比値」　帝京大学文化財研究所編『帝京大学文化財研究書研究報告』第17集，15〜70頁，帝京大学文化財研究所

平山喜英　1993『大分県きりしたん文化の遺跡と遺物』　野津キリシタン記念資料館

別府大学文化財研究所・九州考古学会・大分県考古学会編　2009『キリシタン大名の考古学』　思文閣出版

松田毅一　1969『キリシタン：史実と美術』　淡交社

南島原市教育委員会世界遺産推進室　2022『南島原歴史遺産　原城跡，日野江城跡，吉利支丹墓碑を中心にキリシタン史跡をたずねて』　南島原市

村上直次郎訳・柳谷武夫編　1969『イエズス会日本年報：上』新異国叢書3，雄松堂書店

村上直次郎訳・柳谷武夫編　1969『イエズス会日本年報：下』新異国叢書4，雄松堂書店

安髙啓明　2012『西南学院大学博物館2012年度秋季特別展　キリシタン考古学の世界―今日に甦る祈りとさけび―』展覧会図録，西南学院大学博物館

安髙啓明・方圓　2014「久留米藩今村の潜伏キリシタンの発覚と信仰生活」　西南学院大学博物館研究紀要編集委員会編『西南学院大学博物館研究紀要』第2号，15〜24頁，西南学院大学博物館

Cieslik, Hubert　1979「慶長年間における博多のキリシタン」キリシタン文化研究会『キリシタン研究』第十九輯，3〜200頁，吉川弘文館

Cieslik, Hubert 著・髙祖敏明監修　2000『秋月のキリシタン』　教文館

Abstract

In 1549, the Jesuit missionary Francis Xavier arrived in Japan and introduced Christianity to Japan. Thereafter, *Kirishitan* (Christians) increased in Japan, especially in the *Bungo* (part of Oita Prefecture) of Kyushu, which became a center of Christian missionary activity. (pp. 6-15)

In *Chikuzen* and *Chikugo* (part of Fukuoka Prefecture), *Kirishitan* also increased under the influence of the *Bungo* region. As an indication of this situation, Christian artifacts have been excavated in Fukuoka Prefecture. In particular, since biggining of 21st Century, *Kirishitan*-related sites have been excavated in various locations. In addition, by studying the historical documents related to *Kirishitan,* it has become possible to clarify the actual circumstances of the *Kirishitan*-era. (pp. 16-37)

Excavations have also been conducted since 1992 at Hara Castle ruin, which was the battle field of the Shimabara-Amakusa Rebellion, the largest revolt of the Edo period. Along with a large amount of human remains, a number of Christian artifacts were unearthed. They are indicated the harsh warfare and the piety of the Christians. (pp. 38-47)

■編者略歴

鬼 束 芽 依 (おにつか・めい)

1996年生まれ。西南学院大学大学院国際文化研究科国際文化専攻博士前期課程修了。大野城心のふるさと館学芸員を経て，現在，西南学院大学博物館学芸研究員。専門は日本考古学 (近世)。特に，近世日本社会における日蘭交流，異文化受容について。編著として，『伝えられた「日本」——地図にみる日本のすがたとその変遷』(花乱社，2020年)，主な研究論文として，「考古学の先駆者としての吉田雀巣庵——『尾張名古屋博物会目録』を通して」(『西南学院大学博物館研究紀要』第8号，2020年)，「コンプラ瓶の成立過程についての一考察：フラスコ形ワインボトルとコンプラ瓶の比較研究を通して」(『江戸遺跡研究』第10号，2023年3月刊行予定) などがある。

2022年度西南学院大学博物館特別展
2023年1月23日〜3月11日

西南学院大学博物館研究叢書
考古学からみた筑前・筑後のキリシタン──掘り出された祈り

❖

2023年1月23日　第1刷発行

編　　者　鬼束芽依

監　　修　伊藤慎二

発　　行　西南学院大学博物館
　　　　　〒814-8511　福岡市早良区西新3-13-1
　　　　　電話 092 (823) 4785　FAX 092 (823) 4786

制作・発売　合同会社 花乱社
　　　　　〒810-0001　福岡市中央区天神 5-5-8-5D
　　　　　電話 092 (781) 7550　FAX 092 (781) 7555

印刷・製本　大村印刷株式会社
ISBN978-4-910038-70-4